இற்கும் குடிநீர்... உரிய அதிகாரிகளும் காத்திரமான ...
சைக்கான வைத்திய இன்றுவரை எந்த ஒரு ... எனவே
பறுகின்றனர். இதற்கு ... எடுக்கப்படவில்லை. ... சுகாதார
ஒரு வைத்தியர் மட் டிக்கையும் ... கிழக்கு மாகாண ... உரிய
றுகின்றார். இதனால் இது தொடர்பாக ... கொண்டு
சீட்டுக்கள் மட்டுப்படுத் அமைச்சர் கவனத்திற்கு வேண்டும்
ழங்கப்படுகின்றன. நடவடிக்கை மேற்கொள்ள மக்கள்
பிரதேசத்திலேயே அதி என, தம்பலகாமம் பிரதேச
கையைக் கொண்ட பிர கோருகின்றனர்.
பாத்தானை. இப்பகுதியில்
நகர், மயில்தீவு, தங்கநகர்,

ஜீ... துள்ளார். அலுகோசுபது... பங்கள் கோரப்... உட்பட 145 பே... குறிப்பிடத்தக்...

ஜனாதிபதியின் சுதந்திர தின உரையில் மீள்குடியேற்ற செய்தி இடம்பெற வேண்டும்

திருகோணமலையில் சுதந்திரதினம் நடந்ததற்கான மகிழ்வு ஏற்படும் என்கிறார் நாகேஸ்வரன்

மூதூர்,

ஜனாதிபதியின் சுதந்திர தின உரையில் மக்களின் மீள்குடியேற்றம் தொடர்பான செய்தி இடம்பெற வேண்டும். சொந்த இடம் ... குடியேற்றும் செய்தி இடம் பெற்றால் மட்டுமே திருகோணமலையில் சுதந்திர தின நிகழ்வு நடந்ததற்கான மகிழ்வு தமிழ் மக்களுக்கு ஏற்படும். திருகோணமலை மாவட்ட தமிழ் மக்கள் 7 வருடங்களாக அனுபவித்து வரும் அகதி வாழ்விலிருந்து விடுதலை பெறுவதாக வேண்டும் என கிழக்கு மாகாண சபை உறுப்பினர் குமாரசுவாமி நாகேஸ்வரன் தெரிவித்தார்.

இடம்பெயர்ந்த சம்பூர் மக்களும் சுதந்திர தினக் கொண்டாட்டமும் எனும் தலைப்பில் அவர் ஊடகங்களுக்கு விடுத்துள்ள அறிக்கையிலேயே மேற்கண்டவாறு கூறியுள்ளார். அவ்வறிக்கையில் மேலும் கூறப்பட்டுள்ளதாவது,

அறுபத்தைந்தாவது சுதந்திர தினத்தை திருகோணமலை நகரில் வெகு விமர்சையாக கொண்டாடுவதற்கான ஏற்பாடுகள் பூர்த்தி செய்யப்பட்டுள்ளன. பல்வேறு வித மான அரசியல் மற்றும் சமூக பொருளாதார நோக்கங்களைப் பின்னணியாகக் கொண்டு இம்முறை திருகோணமலை நகரம் சுதந்திர தினம் கொண்டாட்டங்களுக்காக அரசினால் தெரிவு செய்யப்பட்டது.

நாட்டின் மிக முக்கிய நிகழ்வான சுதந்திர தின வைபவம் கொண்டாடப்படும் நிலையில் அதுவும் ஜனாதிபதி கலந்து கொள்வதால் அதற்கு முன்பதாக தாம் தமது சொந்த இடங்களில் குடியேற்றப்படலாம் என்று இடம்பெயர்ந்த நிலையில் வாழும் சம்பூர் பிரதேச மக்கள் எதிர்பார்த்தனர். ஒரு வருடமாக உலர் உணவு நிறுத்தப்பட்டு பட்டினியால் வாடியும் அண்மையில் ஏற்பட்ட வெள்ளத்தினால் பாதிக்கப்பட்டும் அரசினால் எதுவித நிவாரணமும் வழங்கப் படாத சூழ்நிலையிலும் அவற்றை மறந்து சுதந்திர தினத்திற்கு முன்னர் தமது மீள் குடியேற்றம் நடைபெறலாம் என நம்பிக்கை வைத்து அமைதியாக இருந்தனர். ஆனால் மக்களின் எதிர்பார்ப்பு நிறைவேறவில்லை. மாறாக அவர்கள் சுதந்திர தினக் கொண்டாட்டத்திற்கு வருமாறு அழைக்கப்பட்டுள்ளனர். சொந்த மண்ணில் வாழும் சுதந்திரம் சொந்த நிலங்களில் விவசாயம் செய்யும் சுதந்திரம் தமது ஆலயங்களில் வழிபடும் சுதந்திரம் எதுவும் இன்றி ஏழு வருடங்களாகத் தவிக்கின்றோம். எமக்கென்ன சுதந்திர தின கொண்டாட்டம் என அங்க லாய்த்தனர். இந்நிலையில் இடம்பெயர்ந்து வாழும் நான்கு கிராம சேவகர் பிரிவுகளில் நவரத்தின புரத்தைச் சேர்ந்த 116 குடும்பங் களை மட்டும் மீள்குடியேற்றம் செய்யும் நடவடிக்கை முன்னெடுக்கப்படுகின்றது. சம்பூர் பிரதேசத்தின் ஒரு மூலையில் 116 குடும்பம் மட்டும் சென்று தனியாக வாழ் வதும் அதற்கான போக்குவரத்து உட்பட உட்கட்டமைப்பு வசதிகளைத் தேடுவதும் சிரமம்.

ஜனாதிபதியின் சுதந்திர தின உரையில் வது சம்பூர் மக்கள் அனைவரையும் சொந்த மண்ணில் குடியேற்றும் செய்தி இடம் பெற்றால் மட்டுமே திருகோணமலையில் சுதந்திர தின நிகழ்வு நடந்ததற்கான ஒரு மகிழ்வேனும் திருமலை மாவட்டத் தமிழ் மக்களுக்கு ஏற்படும். யுத்தத்தால் இடம்பெயர்ந்து தமது அனைத்து சொத்துக்களையும் இழந்து வாழ்வாதாரங்களைத் தேட முடியாமல் வாழ்வதற்கு வீடு இன்றி வருடக்கணக்கில் தற்காலிகக் கொட்டிலில் வாழும் திருமலை மாவட்ட மக்கள் இருக்கின்றனர். எனவே ஜனாதிபதியின் சுதந்திர தின உரையில் இம்மக்களின் மீள்குடியேற்றம் பற்றிய செய்தி உறுதிப்படுத்தப்படும் என குறிப்பிட்...

திருகோணமலையில் நீர் விநியோகத்திட்டம் அங்குரார்ப்பணம்

மூதூர்,

திருகோணமலை மாவட்டத்தில் நீர் வழங்கல் வடிகாலமைப்பு அதிகாரசபையினால் நிர்மாணிக்கப்பட்டுள்ள நீர் விநியோகத் திட்டத்தை இன்று ஞாயிற்றுக்கிழமை ஜனாதிபதி மஹிந்த ராஜபக்ஷ திறந்து வைப்பார்.

இந்நிகழ்வில் அமைச்சர் தினேஷ் குணவர்தன, பிரதியமைச்சர் நிருபமா ராஜபக்ஷ, கிழக்கு மாகாண முதலமைச்சர் நஜீப் ஏ மஜீத், ஆளுநர் மொஹான் விஜயவிக்கிரம மற்றும் உயர்மட்ட அதிகாரிகளும் ...வர். 4600 மில்லியன் ரூபா ... இத்திட்... ...ள்ள ...

எச்.ஐ.வி.தாக்கத்திற்குள்ளானோர் இனங்காணப்படுவதாக அமைச்சு ...

(எஸ்.கே)

இலங்கையில் ஒவ்வொரு வாரமும் எச்.ஐ.வி.எயிட்ஸ் நோயால் பீடிக்கப்பட்ட நோயாளர்கள் இனங்காணப்படுவதாக சுகாதார அமைச்சின் பாலியல் நோய்கள் ...ஸ் கட்டுப்பாட்டுப் பிரிவு ...

உள்ளான 186 பேர் இனங்... கவும் 1986 ஆம் ஆண்டு ... 1649 நோயாளர்கள் இன... ளதாகவும் இவர்களில் ... நோயாளர்கள் எனவும் ... நோயாளர்கள் எனவும் ... மற்றும் எயிட்ஸ் கட்டுப்... பணிப்பாளர் டாக்டர் வ...

Sri Lanka
Das Kochbuch

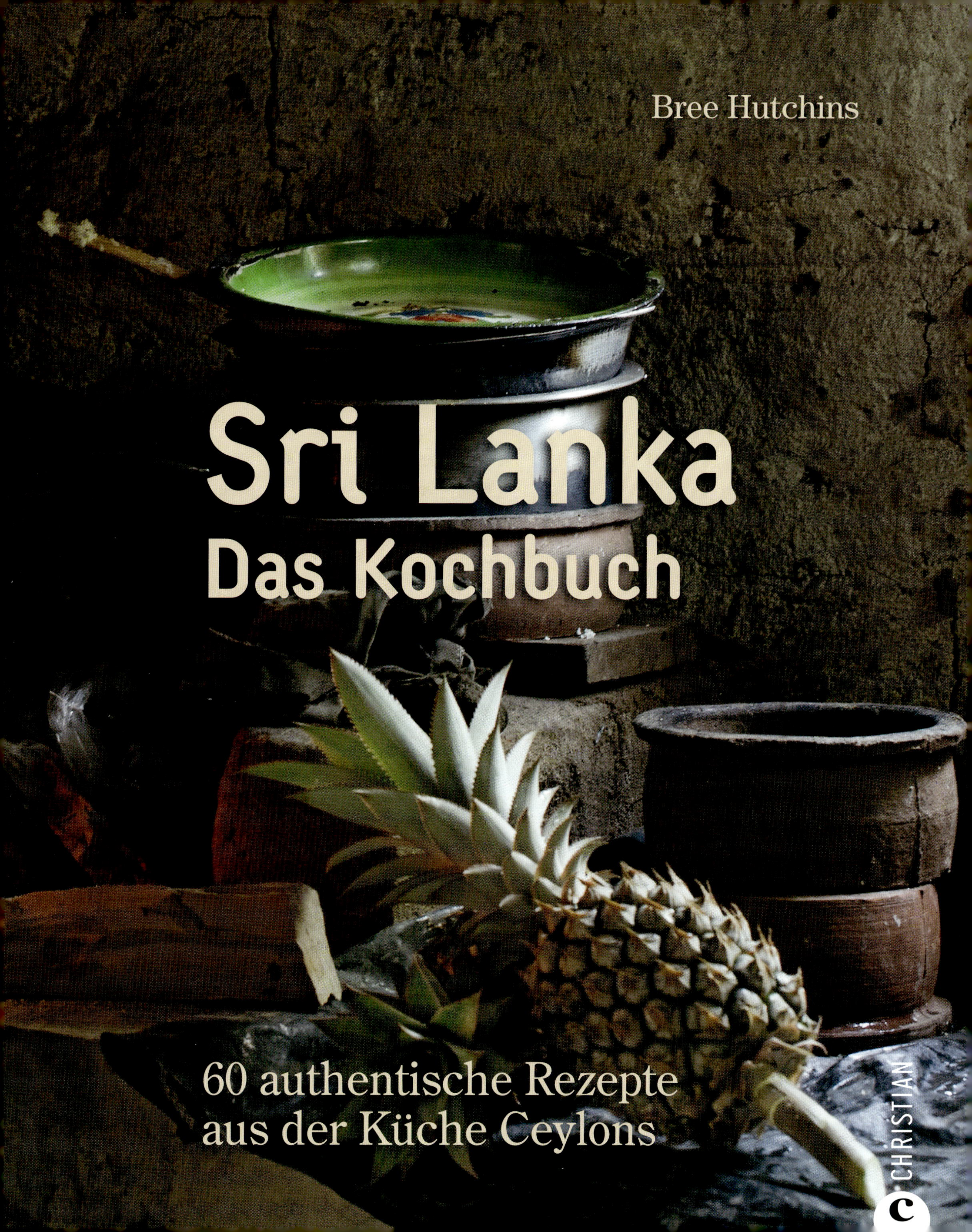

Bree Hutchins

Sri Lanka
Das Kochbuch

60 authentische Rezepte aus der Küche Ceylons

CHRISTIAN

INHALT

DIE REISE BEGINNT

Ich gehe einen Sandweg auf der Halbinsel Jaffna entlang. Es ist Ende Januar 2012, die Sonne brennt und nicht ein Windhauch weht vom Indischen Ozean herauf. Die bunten Fischerboote und die sonnenverbrannten Palmyrapalmen sind vollkommen still. Meine Begleiter kämpfen mit der Hitze, während unser sri-lankischer Führer den Schweiß nicht zu bemerken scheint, der ihm den Rücken herunterrinnt.

Ich bin seit einem Monat in Sri Lanka und dokumentiere die Arbeit der *MJF Charitable Foundation*, einer Wohltätigkeitsstiftung, die 1962 von Merrill J Fernando, dem Gründer der Firma *Dilmah*, ins Leben gerufen wurde. In zwei Wochen fliege ich zurück nach Sydney, aber eigentlich bin ich noch nicht bereit, dieses Land wieder zu verlassen. Nicht nur, dass diese kleine tropische Insel atemberaubend schön ist, es sind auch die Menschen, die mich tief berührt haben. Sie haben in drei Jahrzehnten Bürgerkrieg und bei dem verheerenden Tsunami von 2004 so viel ertragen müssen, und doch besitzen sie diese Widerstandskraft, Entschlossenheit und positive Einstellung. Sie begrüßen Fremde nicht nur mit einem Lächeln, sie laden sie auch in ihre Häuser ein, um mit ihnen eine Mahlzeit zu teilen. Ihre Gastfreundschaft ist echt. Und sie sind hervorragende Köche.

Als wir anhalten, um ein paar Fotos zu machen, wende ich mich an unseren Gruppenleiter, der gleichzeitig der Marketingleiter von *Dilmah* ist. Ich rufe ihm zu: »Wäre es nicht toll, dieses Land zu bereisen und einheimische Familien zu besuchen, ihre Geschichten zu hören und ihre Familienrezepte kennenzulernen?« Und er antwortet: »Warum tust du es nicht? Du könntest ein Buch schreiben, Fotos machen und *Dilmah* könnte es sponsern.« Und so wurde mein erster Buchvertrag auf einem sandigen Weg auf der Halbinsel Jaffna geboren. Mein Herz war immer noch in Sri Lanka, als ich kurz darauf nach Sydney zurückflog, um ein Konzept für das Buch zu erarbeiten. Ich weiß, dass die Reise, auf die ich mich einlassen werde, eine Herausforderung wird. Aber ich weiß auch, dass sie unglaublich interessant und unvergesslich wird.

*

Und so bin ich dann rechtzeitig zum singhalesischen und tamilischen Neujahr nach Sri Lanka zurückgekehrt. In den darauffolgenden Monaten erforschte ich die Küche Colombos, ich wagte mich in die ländlichen Regionen des Ostens und kochte mit den Insassen des Monaragala-Gefängnisses. Ich reiste wieder auf die Halbinsel Jaffna, mein Lieblingsort in Sri Lanka, wo ich inmitten einer großen Menschenmenge

in ein Hindu-Tempelfest geriet und von zwei Kriegswitwen kulinarisch verwöhnt wurde. Meine Begeisterung, alles zu fotografieren, war für die Einheimischen sehr unterhaltsam. Wenn ich nicht gerade, angelockt von herrlichen Düften, in die Küchen der Leute spazierte, kletterte ich auf Leitern, watete in voller Bekleidung durchs Wasser oder hockte auf Stapeln von klapprigen Kisten auf belebten Marktplätzen – alles für das perfekte Foto.

Meine Reisen führten mich zwar durch ganz Sri Lanka, aber die meiste Zeit verbrachte ich im Osten und Norden, die bis vor Kurzem wegen des Bürgerkriegs unzugänglich waren. Mithilfe der *MJF Charitable Foundation* konnte ich Orte besuchen, die nicht vielen Ausländern zugänglich sind. Und obwohl es in einigen Gebieten immer noch Spannungen gibt, habe ich mich nie unsicher gefühlt. In zahlreichen Städten gibt es nach wie vor Schäden, an deren Reparatur viele Hilfsorganisationen arbeiten. Ich konnte die Auswirkung der Arbeit von Wohltätigkeitsorganisationen wie der MJF-Stiftung auf das Leben der Menschen mit eigenen Augen sehen. Obwohl die Familie Fernando sehr bescheiden ist, was die Arbeit der Stiftung betrifft, spielt diese eine wichtige Rolle beim Wiederaufbau des ganzen Landes.

Dieses Buch ist eine Sammlung von Geschichten und Rezepten, die ich von den Menschen bekommen habe, mit denen ich auf meinen Reisen in Kontakt gekommen bin. Viele von ihnen habe ich zufällig auf Marktplätzen oder an Straßenständen getroffen. Es spielte keine Rolle, ob sie buddhistisch oder hinduistisch, muslimisch oder christlich, reich oder arm waren: Ich wurde akzeptiert und sie haben ihre Rezepte, Häuser und Geschichten mit mir geteilt. Die Geschichten, die ich gehört habe, waren manchmal herzzerreißend und tief bewegend, aber sie waren auch immer voller Hoffnung.

Essen spielt in der sri-lankischen Kultur eine zentrale Rolle, besonders bei Festivals, religiösen Zeremonien und anderen großen Ereignissen im Leben der Menschen. Die Sri Lanker sind unglaublich stolz auf ihre Küche und kochen nach Rezepten, die mündlich von einer Generation zur nächsten weitergegeben werden. Sie messen die Zutaten nicht ab, sondern geben eine Handvoll hiervon und eine Prise davon dazu, ganz nach Gefühl. Dies machte es ziemlich schwierig, beim Aufschreiben der Rezepte die Mengen zu schätzen. Daher war ich sehr froh, meinen sri-lankischen Freund Neyome dabei zu haben. Neyome spricht Singhalesisch und Tamilisch und hat es auf sich genommen, mir die Zubereitungsmethoden zu übersetzen und einige der ungewöhnlichen Zutaten zu erklären. Jedes Rezept ist die Version einer Person von dem jeweiligen Gericht, und ich habe versucht, es nicht zu ändern, außer in den Fällen, in denen die Zutaten nicht beschaffbar oder die traditionellen Kochmethoden zu mühsam sind.

Zu Hause in Sydney koche ich diese Rezepte immer wieder gerne. Und jedes Mal fühle ich mich dann in eine Küche in einer Lehmhütte, einen Straßenstand oder ein Haus in einem versteckt liegenden Dorf zurückversetzt und ich erinnere mich an die Geschichten, die mir begegnet sind. Ich hoffe, Sie werden diese Rezepte ebenfalls gerne kochen und Ihnen gefallen die Geschichten derjenigen, die einen kleinen Teil ihres Lebens mit mir geteilt haben.

DER WESTEN
Colombo

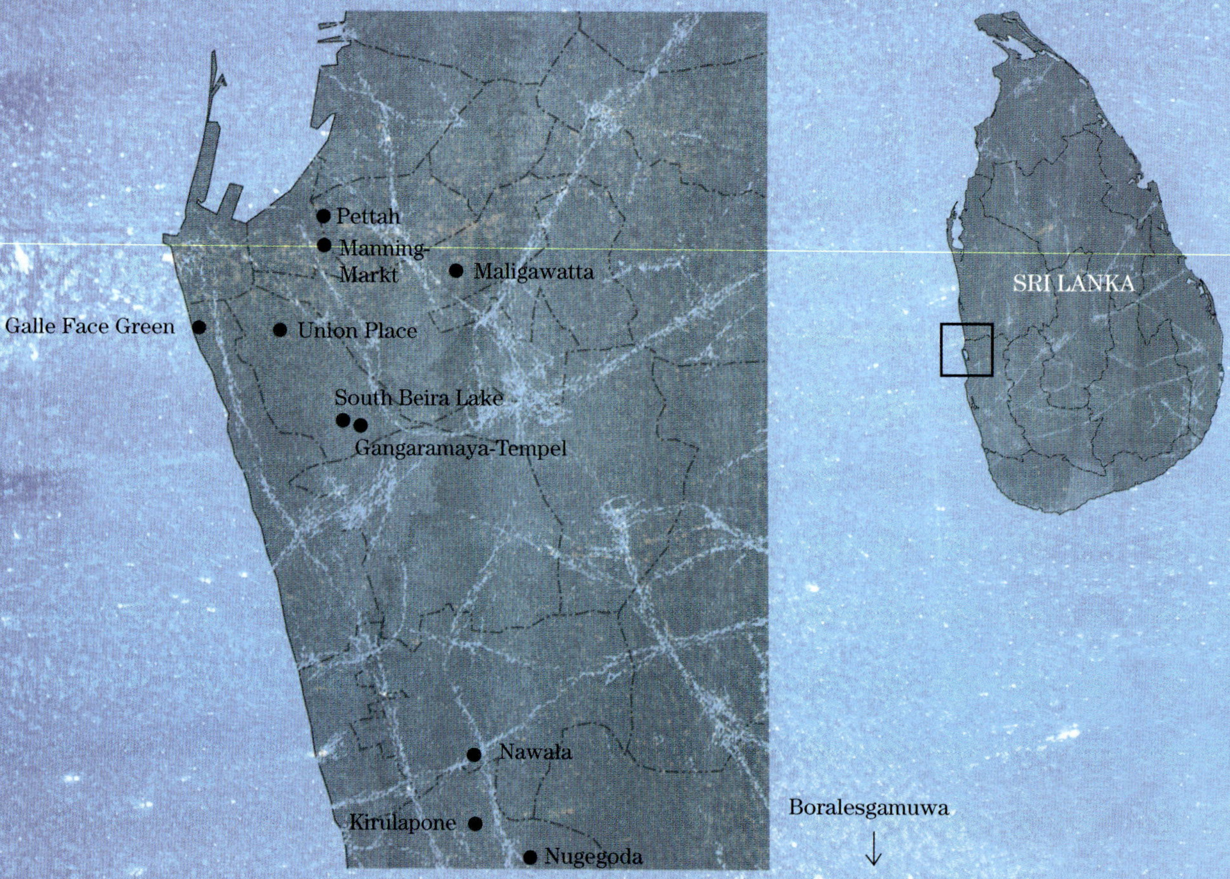

Colombo ist ein Schmelztiegel verschiedener ethnischer Gruppen. Es beherbergt Tempel, Moscheen und Kirchen. Trotz des ständigen Wandels bewahrt die Stadt ihre Identität. Alte Kolonialgebäude und riesige Märkte liegen direkt neben Wolkenkratzern, Shoppingcenter und Nachtclubs. Colombo ist eine lebendige Stadt, die man auf jeden Fall einmal besucht haben muss.

Erkundet man die weniger touristischen Viertel, erhält man einen Eindruck davon, wie diese Stadt tickt. Colombo hat außerdem eine der facettenreichsten Küchen des Landes zu bieten. Um einen Eindruck davon zu bekommen, sollte man unbedingt die Uferpromenade Galle Face Green besuchen, den besten Ort für singhalesisches Street Food.

D. 981
BORAL
Premix

DER MANNING-MARKT IN PETTAH

William

Es ist kurz vor 3:00 Uhr und Pettah, Colombos Einkaufsviertel, ist ungewöhnlich ruhig. Aber nördlich des Bahnhofs, hinter der Olcott Mawatha Street, wird es schon wieder lebendig. Farbenfrohe Transporter – beladen mit Bananen, Ananas und Mangos – versuchen, sich in die schmalen Gassen zu quetschen, die schon bald völlig verstopft sein werden. Gebeugt gehende Kulis, die riesige Lasten auf ihrem Rücken aufgetürmt haben, rufen: *»Jer, jer!«*, damit jedermann schnell aus dem Weg springen kann. Das sind die morgendlichen Anfänge dessen, was schon bald zum chaotischen und lebendigen Pettah-Manning-Großmarkt werden wird.

Auf einem kleinen freien Platz am Rande eines Gehweges hockt ein knochiger Mann mit wettergegerbter Haut namens William über einem kleinen Feuer, auf dem er Wasser kocht, um die erste Tasse Tee des Tages zuzubereiten. Sein Tag hat schon vor einer ganzen Weile begonnen. Er ist anderthalb Stunden mit dem Bus von seinem Heimatort Hanwella hergefahren. Für William ist dieser Tag wie jeder andere in den letzten rund 60 Jahren. Eine Tasse von Williams Milchtee ist für viele zu dieser frühen Stunde ein Genuss und eine willkommene Gelegenheit, den geschundenen Körper auf einem Sack voll Gemüse auszuruhen. Wenn um 5:00 Uhr der Handel offiziell beginnt, sind die Gassen bereits ein einziger bunter Wirrwarr. Die einzige sichere Art, den Kulis auszuweichen, die sich rasch die Straßen entlang schlängeln, ist, sich auf einen Stapel Obstkisten zu retten. Von diesem erhöhten Standpunkt aus wird der Markt mit all seinem Lärm, dem Schmutz und der Hitze zu einer einzigartigen Erfahrung.

Und mittendrin schiebt sich William mit einem Tablett in der Hand durch die Menschenmenge und verkauft seinen Tee. Bis der morgendliche fieberhafte Kommerz endet, sind alle viel zu hektisch von ihren Geschäften vereinnahmt, als dass sie Zeit zum Bezahlen hätten. Erst danach kommt William zurück, um mit seinen Kunden zu schwatzen und seine 20 Rupien für die Tasse Tee abzuholen.

Um 8:00 Uhr, wenn die Touristen in ihren schicken Hotelzimmern erwachen, hat sich William auf einer hölzernen Lattenkiste ausgestreckt und nippt an einer Tasse Tee. Falls er von den Ordnungshütern nicht weggescheucht wird, kann er die Teegläser auswaschen und seinen Stand zusammenpacken, bevor er den Bus nach Hause nimmt. Dort angekommen legt er sich bald schlafen, um mitternachts wieder aufzustehen und morgen wieder hier zu sein.

588
KT589
STUD
MUFFIN
607

URBAN

WÜRZIGER CEYLON-TEE

Ergibt 4 Gläser

Obwohl Williams Tee nur eine einfache Mischung aus Milchpulver und starkem schwarzem Tee ist, ist er bei den Standbesitzern und Kulis sehr beliebt. Ich habe mich von seinem Tee zu einem Rezept mit auf dem Manning-Markt erhältlichen und lokal angebauten Gewürzen inspirieren lassen.

ZUTATEN

- **12 grüne Kardamomkapseln**
- **12 schwarze Pfefferkörner**
- **6 Gewürznelken**
- **1 TL Fenchelsamen**
- **1 Zimtstange, durchgebrochen**
- **1 Stk. Ingwer (3 cm), geschält und in Scheiben geschnitten**
- **500 ml frische Vollmilch**
- **1 TL *jaggery*-Pulver**
- **1 TL Dilmah-Pure-Ceylon-Teeblätter (oder ein anderer vollmundiger schwarzer Tee)**

ZUBEREITUNG

Die Kardamomkapseln, die Pfefferkörner, die Gewürznelken, die Fenchelsamen, die Zimtstange und den Ingwer in einem Mörser zu einer groben Paste zermahlen.

Die zerkleinerten Gewürze und die Milch in einem kleinen Topf verrühren und bei mittlerer Temperatur erwärmen. Das *jaggery*-Pulver unterrühren und alles zum Kochen bringen. Wenn die Milch den Siedepunkt erreicht hat, den Topf sofort vom Herd nehmen und vorsichtig die Teeblätter unterheben. Zugedeckt 5 Minuten ziehen lassen. Den Tee durch ein engmaschiges Sieb in eine Kanne abseihen. Um Schaum zu erzeugen, den Tee aus größerer Höhe (etwa 30 cm) in vier kleine Gläser gießen. Mit *kokis* (siehe Seite 100) servieren.

GALLE FACE GREEN

Rahuft

Rahuft steht hinter seinem Karren und schwatzt, während er einen Teller mit *isso vadai* (frittierte Linsenbratlinge mit Garnelen) füllt. Es dämmert schon und in einigen Stunden wird Rahuft den Stand zusammenpacken und seinen Karren nach Hause ziehen, vorbei an leeren Restaurants, Nachtclubs und Wolkenkratzern. Dann wird er hinauf in sein kleines Zimmer gehen und Woks, Tabletts und Ölflaschen beiseiteschieben, um einen Platz zum Schlafen zu haben.

Rahuft ist einer von vielen Straßenverkäufern am Galle Face Green, einem lang gestreckten Grünstreifen mit Strandpromenade am Indischen Ozean. Er scheint vollkommen unbeeindruckt von den Menschenmassen, die bei Sonnenuntergang diese Freifläche bevölkern. Sieben Tage in der Woche arbeitet er zusammen mit seinem Onkel Rasheed im Familienbetrieb und hat daher nicht viel Zeit für Dinge, die junge Männer normalerweise tun. Aber an einem Abend wie diesem, wenn die Leute in langen Schlangen vor seinem Stand stehen, dann wünscht er sich nichts anderes.

Es ist Sonnabend und der Grünstreifen ist bevölkert von Familien beim Picknick und Leuten beim Spielen. Auf der Promenade stehen in langen Reihen Karren und Händler verkaufen mit Chili und Salz bestreute Mangos, Kichererbsen mit Kokos und Chili (*kadala*), gebratene *roti*-Würfel mit Fleisch und Gemüse (*kottu roti*). Am Strand jagen Menschen Wellen hinterher und oben auf dem Pier drängen sie sich, um einen Blick auf den Sonnenuntergang zu erhaschen. Das alles wird begleitet von einem Soundtrack aus zischendem Öl, dem Hacken der Messer, den Glöckchen der Händler und dem Hupen der Eisverkäufer.

Am Vormittag hatte ich Rahuft und seinen Onkel in einer kleinen Gasse in der Nähe der geschäftigen Straßen am Union Place bei den Vorbereitungen für den Abend beobachtet. Wie immer war die ganze Familie da, um ihnen zu helfen. Im Zimmer unten formten seine Cousinen Kugeln aus einer Mischung aus Mehl, Kokos und *chana dhal*. Vor dem Haus wusch sein Bruder die Garnelen an einem öffentlichen Wasserhahn. Oben in einem Raum, der auch als Schlafzimmer dient, pressten Rahuft und seine jüngere Schwester die Garnelen in die Teigbälle, die sie dann platt drückten. Diese wurden an ihren Onkel weitergereicht, der sie in Wannen mit heißem Öl warf, von denen ein fast stechender Geruch durch das kleine Fenster und hinaus in die Gasse drang.

Rahufts Mutter lief in ihrem Hidschab die Treppen hoch und runter, brachte Eimer mit Teig und nahm Tabletts mit fertigen *vadai* entgegen. Als kein einziger unfrittierter *vadai* mehr übrig war, trugen Rahuft und sein Onkel die Tabletts nach draußen, um sie auf ihre Karren zu laden. Dann brachen sie auf: Rahuft schob einen gelben Karren und sein Onkel einen grünen durch den dichten Verkehr.

USA

SALTER

GARNELEN-VADAI

Ergibt 15 Stück

Isso vadai *ist ein beliebter Snack. Es handelt sich dabei um knusprig frittierte Linsenbratlinge mit Garnelen und einer scharfen Chilisauce.*

ZUTATEN

200 g *chana dal*, 4 Stunden in Wasser eingeweicht

60 g Kokosnuss, frisch geschabt

1 kleine Prise Lebensmittelfarbe Eigelb, in 1 EL Wasser aufgelöst (alternativ gemahlene Kurkuma)

50 g Weizenmehl plus etwas zum Bestauben

2 TL Salz

60 kleine rohe, ungeschälte Garnelen (etwa 300 g), gewaschen

neutrales Pflanzenöl zum Frittieren

¼ Kopf Weißkohl (etwa 200 g), geputzt und sehr fein geschnitten

½ rote Zwiebel, geschält und in sehr dünne Scheiben geschnitten

1 Karotte, geschält und in 4 cm lange, sehr dünne Streifen geschnitten

1 lange, milde gelbe Spitzpaprika, geputzt und in 4 cm lange, sehr dünne Streifen geschnitten

Saft von ½ Limette

ZUBEREITUNG

Die *dal* abgießen, waschen, das Wasser wieder abgießen. 120 g der *dal* beiseitestellen. Den Rest in der Küchenmaschine zu einer feinen Paste verarbeiten. Das Kokosnussfleisch mit der Lebensmittelfarbe in einer Schüssel gut mit den Händen vermischen. Zerkleinerte und ganze *dal* ebenfalls dazugeben. Mehl und Salz in die Schüssel sieben und alles mit den Händen zu einem klebrigen Teig verkneten. Je eine kleine Menge Teig zu einer walnussgroßen Kugel formen.

Jede Kugel in Frischhaltefolie einschlagen und platt drücken. Die obere Folie abnehmen und vier Garnelen darauflegen. Wieder mit der Folie bedecken und nochmals festdrücken. Die Folie entfernen und die Scheibe von unten und oben mit etwas Mehl bestauben. Einen großen Wok zu einem Drittel mit Öl füllen und auf etwa 160 °C erhitzen (ein hineingegebener Weißbrotwürfel sollte in 30 Sekunden braun werden). Die Bratlinge in mehreren Portionen 2–3 Minuten frittieren. Mit einem Schaumlöffel herausnehmen und auf Küchenpapier abtropfen lassen.

Den Kohl, die Zwiebel, die Karotte, die Chili und den Limettensaft in einer Schüssel gut vermengen. Die Garnelen-*vadai* warm mit Chilisauce (siehe Seite 26) und dem Kohlsalat servieren.

ANMERKUNG: Die Lebensmittelfarbe Eigelb (*egg yellow food colour*) ist zwar eine typisch singhalesische Zutat. Aber sie kann Allergien verursachen und bei Allergikern Hyperaktivität und Asthma auslösen! Bei Bedenken ersetzen Sie sie einfach durch gemahlene Kurkuma.

CHILISAUCE

Ergibt 500 ml

Diese Chilisauce ist die ultimative Würze für Garnelen-**vadai. *****Rahuft und sein Onkel bereiten sie einmal in der Woche vor. Als ich sie besuchte, hatten sie sie bereits hergestellt, aber Rahuft war so nett, mir das Rezept zu erklären. Er kannte die genauen Mengen für die Zutaten nicht und auch bei der Zubereitung war er etwas vage. Daher ist dies eher eine inspirierte Version ihres Rezeptes.***

ZUTATEN

1 Stängel Zitronengras (10 cm), geschält und nur der weiße Teil sehr fein gehackt
4 Knoblauchzehen, geschält und in dünne Scheiben geschnitten
1 Stk. Ingwer (3 cm), geschält und in dünne Scheiben geschnitten
2 TL Salz
2 EL neutrales Pflanzenöl
1 *rampe*-Blatt (8 cm)
1 TL Kreuzkümmelsamen
1 TL Senfkörner
½ TL Bockshornkleesamen
1 Zimtstange
1 TL ungeröstetes Chilipulver
1½ TL geröstetes Currypulver (Asia-Laden)
1 TL gemahlene Kurkuma
1 TL gemahlener Koriander
1½ TL Kokosessig (oder Reisessig)
1 TL Tomatenketchup
300 g passierte Tomaten

ZUBEREITUNG

Zitronengras, Knoblauch, Ingwer und Salz in einem Mörser zu einer Paste zermahlen. Das Öl in einem Topf bei mittlerer Temperatur erhitzen und die Paste mit dem *rampe*-Blatt, Kreuzkümmelsamen und Senfkörnern 3 Minuten braten. Regelmäßig umrühren, damit die Paste sich nicht am Boden absetzt.

Bockshornkleesamen, Zimtstange, Chilipulver, Currypulver, Kurkuma und Koriander hinzufügen und 1 Minute weiterbraten. Den Kokosessig und 250 ml Wasser hinzufügen und alles zum Kochen bringen. Dann die Temperatur verringern und 10 Minuten bei niedriger Temperatur köcheln lassen.

Vom Herd nehmen und durch ein feines Sieb in einen anderen Topf abseihen, die Feststoffe entsorgen. Den Topf mit der Flüssigkeit auf den Herd stellen und das Tomatenketchup und die Tomaten hineingeben. Zum Kochen bringen und bei mittlerer Temperatur 15 Minuten köcheln lassen, bis die Sauce etwas dicklich geworden ist. Vor dem Servieren auf Zimmertemperatur abkühlen lassen. Mit warmen Garnelen-*vadai* servieren (siehe Seite 25).

EIN MUSLIMISCHES FAMILIENFEST

Faakhir & Fareena

Nachdem ich Faakhir beobachtet habe, wie er chemische Formeln an die Tafel im Klassenraum geschrieben hat, bin ich nicht überrascht, als er sagt: »Ich möchte Arzt werden, *inshallah!*«. Vor fünf Jahren sah das noch anders aus. Er dachte, es wäre ihm bestimmt, wie alle anderen Kinder in seiner Straße zu werden. Er wurde in eine arme Familie in den Slums von Maligawatta geboren. Seine Mutter Fareena wollte jedoch mehr für ihn. Sie hatte von anderen Müttern vom *MJF Kids Programme* gehört, durch das Kinder aus den Slums die Möglichkeit zum Lernen erhalten. Faakhir weigerte sich zunächst. Wie viele andere Kinder in den Slums wuchs Faakhir auf, ohne seine eigenen Fähigkeiten zu kennen.

Im Laufe der Zeit merkte er, dass die Kinder, die am *MJF Kids Programme* teilnahmen, sich veränderten. Sie gingen nicht nur aufrechter und mit festerem Schritt, sondern strahlten auch eine ganz andere Energie und ein Gefühl von neuen Möglichkeiten aus. Angezogen von der Ausstrahlung dieser Kinder und ermutigt durch die ständige Ermunterung durch seine Mutter trat er schließlich dem Programm bei.

Der Unterricht findet jeden Tag nach der Schule, einschließlich Samstag, in den Büros der MJF-Gruppe statt. Faakhir fand es zunächst etwas seltsam, im selben Gebäude zum Unterricht zu gehen, in dem Geschäftsleute in ihren Anzügen verkehrten. Aber er liebte das Programm, und schon bald fand er Fächer, in denen er besonders gut war wie Naturwissenschaften. Auch das Schicksal seiner Mutter schrieb sich neu. Während ihr Sohn am Unterricht teilnahm, wartete Fareena im Gebäude und bot den jungen Mädchen, die sie dort traf, ihre Hilfe an. Ihre Schwester Razeena, deren Sohn auch an dem Programm teilnahm, half ebenfalls. Sie wurden Ersatzmütter für alle Kinder dort und bekamen bald das Angebot, als ehrenamtliche Programmkoordinatorinnen zu arbeiten. Außerhalb des eigenen Hauses zu arbeiten war ein Bruch mit ihrer traditionellen Rolle als Frau, aber Fareenas Mann ermutigte sie, diese Stelle anzunehmen.

*

Faakhir hat das *MJF Kids Programme* absolviert und unterrichtet nun als Lehrer für Naturwissenschaften die jüngeren Schüler. So gibt er der Gesellschaft etwas zurück, während er gleichzeitig für seine Abiturprüfungen lernt. Fareena lächelt breit, als sie mir erzählt: »Faakhir hat sich unglaublich verändert. Er hat sein Potenzial erkannt und ich danke Allah jeden Tag für diese Chance.«

Heute haben Fareena und ihre Schwester seit 4:00 Uhr in der Früh gekocht. Es ist eine Tradition in ihrer Familie, dass sich alle am Freitag nach dem Mittagsgebet, dem wichtigsten Gebet der Muslime während der Woche, zu einem großen Mittagessen versammeln. Ich fühle mich sehr geehrt, dass sie mich eingeladen haben. »Wir wohnen zurzeit bei meiner Schwester«, erklärt mir Fareena. »Während der schweren Monsunregen wurde unser Haus überschwemmt.« Für Fareena ist das sicherlich eine willkommene Abwechslung, denn das Haus ihrer Schwester ist verglichen mit ihrem eigenen wirklich komfortabel.

»Wir kochen am Freitag immer *biryani*, entweder mit Hähnchen oder mit Hammelfleisch«, erzählt sie. »Wir bereiten auch viele Currys, Pickles und Salate zu, die zum *biryani* passen. Und natürlich auch Desserts«, versichert sie mir, während sie mehr Zucker in die Mischung für den *vattalappam*, einen Kokospudding, rührt. Als der *vattalappam* im Doppel-Dampfgarer auf dem Herd steht, nimmt Fareena ein Tablett mit marinierten Hähnchen und ich folge ihr nach draußen, wo sie einen Gasbrenner und einen großen Wok aufgestellt hat. Wir unterhalten uns, während sie die Hähnchen frittiert.

»Heute haben Fareena und ihre Schwester seit 4:00 Uhr in der Früh gekocht. Es ist eine Tradition in ihrer Familie, dass sich alle am Freitag nach dem Mittagsgebet, dem wichtigsten Gebet der Muslime während der Woche, zu einem großen Mittagessen versammeln.«

Wir machen eine kurze Pause vom Kochen und Fareena gießt jedem ein Glas *faluda* ein, ein pinkfarbenes Getränk aus Rosensirup, Milch, Basilikumsamen, Vermicelli-Nudeln und rotem Gelee. Das Getränk ist köstlich und an so einem heißen Tag sehr erfrischend.

Es ist Zeit, das *biryani* fertigzustellen und Fareena beginnt damit, einen großen Topf mit Reis und Chicken-Korma-Curry zu füllen. Obenauf legt sie eine Schicht Reis und streut Cashewkerne und Rosinen darüber, die in Butterschmalz gebraten wurden. Das Ganze garniert sie mit karamellisierten Zwiebeln, Gewürzen und frischem Koriander und spritzt zum Schluss etwas Rosenwasser darüber. Das *biryani* sieht beeindruckend aus und riecht sensationell.

Fareena stellt die Gerichte auf den Fußboden der Lounge. Als Faakhir und sein Vater von der Moschee zurückkehren, füllt Fareena das *biryani* auf ein *sawan*, ein großes rundes Tablett. Wir sitzen um das Tablett herum und unterhalten uns angeregt, während wir mit der rechten Hand *biryani* von dem Tablett nehmen. Geschmack und Aroma sind unvergleichlich und ich muss mich zurückhalten, um noch Platz für das Dessert zu lassen.

CHICKEN-BIRYANI

Für 8 Personen

Biryani ***ist ein Gericht aus Schichten von Reis und Curry. In Sri Lanka wird es mit jeder Menge Currys, Pickles und Salaten als Beilage serviert.*** **Biryani** ***wird meistens dampfgegart oder gebacken, und da Fareena beides nicht getan hatte, dachte ich zunächst: »Das ist kein*** **biryani!*****« Aber als ich es dann gegessen habe, war es mir völlig egal, wie es gegart war – es war sensationell. Die Zubereitung dauert fast einen ganzen Tag, aber es ist die Mühe wert. Dies ist eines der Gerichte, die man am besten im großen Kreis von einem gemeinsamen Tablett ist.***

ZUTATEN

Biryani-Chicken-Korma-Curry (siehe Seite 35)	**600 g Basmatireis, gewaschen**
Biryani-Garnierung 1 (siehe Seite 38)	**1 TL Salz**
Biryani-Garnierung 2 (siehe Seite 39)	**1 EL Ghee (Butterschmalz)**
2 TL gemahlene Kurkuma	**80 g Cashewkerne, grob gehackt**
60 ml neutrales Pflanzenöl	**50 g Rosinen**
	3 TL Rosenwasser

ZUBEREITUNG

Das Chicken-Korma-Curry und die beiden Biryani-Beilagen nach Rezept zubereiten.

Die Kurkuma mit dem Öl in einen großen Topf geben und 1 Minute bei niedriger Temperatur erhitzen. Reis und Salz unterrühren. Dann genügend Wasser in den Topf geben, dass es 2 cm über dem Reis steht. Alles zugedeckt zum Kochen bringen, die Temperatur verringern und 20 Minuten köcheln lassen, bis der Reis gar ist.

Das Ghee in einer kleinen Pfanne bei niedriger Temperatur erhitzen. Die Cashewkerne und die Rosinen hinzufügen und 2–3 Minuten goldbraun braten. Abgießen und beiseitestellen.

Die Hälfte des gekochten Reises in einen großen runden Topf oder auf ein Tablett geben (etwa 8 l Fassungsvermögen) und mit dem Chicken-Korma-Curry vermischen. Den Rest des Reises darüber geben, aber nicht mit der unteren Schicht vermischen. Die Garnierung 1 darüberstreuen und dann mit den gebratenen Cashewkernen und Rosinen garnieren. Das Rosenwasser darüberspritzen.

Auf einer großen Platte servieren und die Garnierung 2 dazu reichen. Zu einem vollständigen muslimischen Festessen gehören in Sri Lanka auch noch gebratene Hähnchen mit würziger Sauce (siehe Seite 40) und Mungbohnen-Curry (siehe Seite 46).

BIRYANI-CHICKEN-KORMA-CURRY

Für 8 Personen

Dieses milde Hähnchen-Kartoffel-Curry bildet mit Reis den unteren Teil des* biryani. *Es ist auch für sich mit Reis serviert sehr köstlich.

ZUTATEN

1 kg Kartoffeln mit Schale, gewaschen
1 Hähnchen (1,6 kg)
1 EL neutrales Pflanzenöl
2 rote Zwiebeln, geschält und in Scheiben geschnitten
1 *rampe*-Blatt (10 cm), in 2 cm lange Stücke geschnitten
etwa 30 Curryblätter
1 Stängel Zitronengras (6 cm), geschält und nur der weiße Teil sehr fein gehackt
2 Zimtstangen, in Stücke gebrochen
6 Gewürznelken
6 Kardamomkapseln, zerdrückt
3 Knoblauchzehen, geschält und zu einer Paste gemahlen
1 Stk. Ingwer (4 cm), zu einer Paste gemahlen
8 Roma-Tomaten, gewaschen und geviertelt
2 TL Salz, in 60 ml warmem Wasser aufgelöst
1 Hühnerbrühwürfel, in 375 ml kochendem Wasser aufgelöst
4 EL Korma-Gewürzmischung (Asia-Laden)
1 EL geröstetes Chilipulver
1 TL frisch gemahlener schwarzer Pfeffer
1 TL gemahlene Kreuzkümmelsamen
125 ml Sojasauce
60 ml passierte Tomaten

ZUBEREITUNG

Die Kartoffeln in einem Topf gar kochen und abgießen. Abkühlen lassen, pellen und in 3–4 cm große Stücke schneiden. Das Hähnchen mit einem großen Messer in acht Stücke schneiden. Dann die Hähnchenteile mit einem Hackmesser in 4–5 cm große Teile schneiden und beiseitestellen.

Das Öl in einem großen Topf mit schwerem Boden bei mittlerer Temperatur erhitzen, dann die Zwiebeln, das *rampe*-Blatt, die Curryblätter, das Zitronengras, die Zimtstangen, die Gewürznelken und die Kardamomkapseln hinzufügen und 5 Minuten garen, bis die Zwiebeln goldbraun sind. Die Knoblauchpaste und die Ingwerpaste dazugeben und weitere 2 Minuten köcheln lassen. Roma-Tomaten, Salzwasser und Brühe hinzufügen und zugedeckt aufkochen. Hähnchenteile, Korma-Gewürzmischung, Chilipulver, Pfeffer und Kreuzkümmel hineingeben und alles umrühren. Sojasauce und die passierten Tomaten unterheben. Die Hähnchenteile sollten fast mit Flüssigkeit bedeckt sein – bei Bedarf etwas Wasser zugießen. Zugedeckt 10 Minuten kochen lassen, den Deckel entfernen und weitere 30 Minuten kochen, bis das Hähnchenfleisch gar ist. Die Kartoffeln unterheben. Beiseitestellen, bis der Reis für das *biryani* fertig ist (siehe Seite 34).

BIRYANI-GARNIERUNG 1

Diese Garnierung wird kurz vor dem Servieren auf die oberste Schicht des* biryani *gestreut. Sie verstärkt den Geschmack und macht das* biryani *so unglaublich köstlich. Sie enthält eine beängstigende Menge Butter, aber glauben Sie mir: Es schmeckt himmlisch! Die Zwiebeln werden in der Butter gebraten, die mit Zitronengras, Curryblättern, Zimt und Gewürzen aromatisiert ist. Die Garnierung ist sehr üppig, aber fürchterlich lecker.

ZUTATEN

- **2 EL Ghee (Butterschmalz)**
- **100 g Cashewkerne, grob gehackt**
- **250 g Butter**
- **2 rote Zwiebeln, geschält und in dünne Scheiben geschnitten**
- **2–3 lange grüne Chilischoten, geputzt und in Scheiben geschnitten**
- **1 *rampe*-Blatt (10 cm), in 1 cm lange Stücke geschnitten**
- **etwa 30 Curryblätter, zerkleinert**
- **1 Stängel Zitronengras (6 cm), geschält und nur der weiße Teil sehr fein gehackt**
- **5 Knoblauchzehen, geschält und zu einer Paste gemahlen**
- **1 Stk. Ingwer (5 cm), geschält und zu einer Paste gemahlen**
- **2 Zimtstangen, in Stücke gebrochen**
- **50 g Rosinen**
- **20 g Korianderblätter, fein gehackt**
- **20 g Minze, fein gehackt**

ZUBEREITUNG

Das Ghee in einer großen Pfanne mit schwerem Boden bei mittlerer Temperatur schmelzen. Die Cashewkerne hinzufügen und 2 Minuten unter ständigem Rühren braten, bis sie goldbraun sind. Anschließend mit einem Schaumlöffel herausholen und beiseitestellen. Die Butter in einer Pfanne schmelzen, dann Zwiebeln, Chilischoten, das *rampe*-Blatt, Curryblätter und Zitronengras hineingeben. Bei mittlerer Temperatur 5–7 Minuten unter regelmäßigem Rühren braten, bis die Zwiebeln hell- bis goldgelb sind.

Die Knoblauchpaste, die Ingwerpaste und die Zimtstangen hinzufügen und gut umrühren. Weitere 4–5 Minuten braten, bis die Zwiebeln gold- bis dunkelgelb sind. Cashewkerne, Rosinen, Koriander und Minze hineinrühren, anschließend vom Herd nehmen und auf die oberste Schicht des *biryani* streuen (siehe Seite 34).

BIRYANI-GARNIERUNG 2

Diese Garnierung wird als Beilage gereicht und vom Familienoberhaupt auf das* biryani *gestreut. Es verleiht dem* biryani *Knusprigkeit und den für Sri Lanka typischen salzig-sauren Geschmack von* maldive fish *und Zitrone. Der Geschmack und die Konsistenz bilden einen perfekten Kontrast zu den karamellisierten Zwiebeln und zur Mächtigkeit der Butter.

ZUTATEN

80 ml Kokosöl

2 rote Zwiebeln, geschält und in sehr dünne Scheiben geschnitten

1 TL *maldive-fish*-Flocken

½ TL getrocknete Chilistücke

1 TL Zitronensaft

1 Prise Salz

ZUBEREITUNG

In einem kleinen Wok oder einer Pfanne mit schwerem Boden das Kokosöl bei mittlerer Temperatur erhitzen. Die Zwiebeln hineingeben und 10–12 Minuten braten, bis sie dunkelbraun und knusprig sind. Mit einem Schaumlöffel herausnehmen und auf Küchenpapier abtropfen lassen. Zum Abkühlen beiseitestellen.

Die *maldive-fish*-Flocken in einem Mörser (oder einer Gewürzmühle) zu einem feinen Pulver zermahlen. Den Wok bei mittlerer Temperatur erneut erhitzen und den gemahlenen Fisch 2 Minuten rösten, bis er etwas dunkler wird. In eine Schüssel geben und zum Abkühlen beiseitestellen.

Den gerösteten gemahlenen *maldive fish* mit den gebratenen Zwiebeln vermischen und getrocknete Chilistücke, Zitronensaft und eine Prise Salz hinzufügen. Gut verrühren. Die Garnierung beiseitestellen, bis das *biryani* serviert wird (siehe Seite 34).

GEBRATENES HÄHNCHEN MIT WÜRZIGER SAUCE

Für 8 Personen

Hier wird ein ganzes Hähnchen gekocht, mit Gewürzen mariniert, frittiert und mit einer würzigen Tomatensauce serviert. Durch das zweifache Garen erhält man wirklich zartes Hähnchenfleisch. Das Frittieren ist etwas nervenaufreibend, aber eigentlich nicht so schwierig. Man sollte nur einen großen Wok verwenden und diesen mit nicht zu viel Öl füllen. Serviert mit dem **biryani** ***war es lecker, aber um ehrlich zu sein, ist das*** **biryani** ***schon sehr aromatisch, sodass der Geschmack des Hähnchens ein wenig verloren geht. Am besten kommt es zur Geltung, wenn man es allein mit*** **samba-*****Reis (siehe Seite 49) serviert.***

ZUTATEN

1 Hähnchen (1,6 kg)
3 TL gemahlene Kurkuma
Salz
2 TL Lebensmittelfarbe Eigelb (alternativ eine große Prise Safranfäden)
2 EL Zitronensaft (1 EL, wenn Safran verwendet wird)
1 Stängel Zitronengras (10 cm), geschält und nur der weiße Teil sehr fein gehackt
2 Knoblauchzehen, geschält und in dünne Scheiben geschnitten
1 Stk. Ingwer (2 cm), geschält und in dünne Scheiben geschnitten
60 ml neutrales Pflanzenöl plus 1 EL extra
1 rote Zwiebel, geschält und in Scheiben geschnitten
1 lange grüne Chilischote, geputzt und längs in Scheiben geschnitten
etwa 15 Curryblätter
8 grüne Kardamomkapseln, zerdrückt
1 Zimtstange, in Stücke gebrochen
1 TL Bockshornkleesamen
500 g Roma-Tomaten, gewaschen und fein gehackt
1 Hühnerbrühwürfel, in 60 ml heißem Wasser aufgelöst
165 g Kichererbsen, gekocht, abgegossen und gewaschen (oder Kichererbsen aus der Dose), mit etwas Wasser püriert
2 TL Garam Masala (Asia-Laden)
½ TL gemahlene Koriandersamen
½ TL gemahlene Kreuzkümmelsamen
2 TL geröstetes Currypulver (Asia-Laden)
125 g *curd* (oder cremiger Naturjoghurt)
2 TL fein gehackte Minze
2 TL fein gehackte Korianderblätter
500 ml Kokosöl zum Frittieren

ZUBEREITUNG

Das Hähnchen mit der Brustseite nach oben in einen Suppentopf legen und mit Wasser bedecken. Die Kurkuma und 1 TL Salz hineingeben und alles aufkochen lassen. Die Temperatur verringern und 50 Minuten zugedeckt köcheln lassen, bis das Hähnchen gar ist. Etwas abkühlen lassen, dann das Hähnchen vorsichtig aus dem Topf nehmen, beiseitestellen und auf Zimmertemperatur abkühlen lassen.

1 TL Salz, die Lebensmittelfarbe oder den Safran mit dem Zitronensaft in einer kleinen Schüssel vermischen und über das Hähnchen geben. Die Marinade mit den Händen in das Hähnchen einreiben. Dann in den Kühlschrank stellen und 2 Stunden marinieren lassen.

Für die Sauce Zitronengras, Knoblauch und Ingwer mit 1 TL Salz in einem Mörser zu einer Paste zermahlen und beiseitestellen.

Das Pflanzenöl in einem Topf mit schwerem Boden bei mittlerer Temperatur erhitzen, die Zwiebel und Chilischote hineingeben und 2 Minuten garen, bis die Zwiebel goldgelb wird. Die Curryblätter unterrühren und 2 Minuten garen. Kardamomkapseln, Zimtstange und Bockshornkleesamen hinzufügen und 1 Minute weitergaren. Einen zusätzlichen Esslöffel Öl hineingeben. Wenn das Öl heiß ist, die Paste aus Zitronengras, Knoblauch und Ingwer in den Topf geben und unter ständigem Rühren 2 Minuten erhitzen. Nun die Tomaten unterrühren und 2 Minuten bei mittlerer Temperatur erhitzen, dann die Hühnerbrühe und das Kichererbsenpüree hinzufügen und weitere 10 Minuten köcheln lassen, von Zeit zu Zeit umrühren.

In einer kleinen Schüssel das Garam Masala, die Koriandersamen, den Kreuzkümmel, das Currypulver und ein wenig Wasser (etwa 1 EL) zu einer dicken Paste verrühren. Zu der Sauce hinzufügen und dann bei niedriger Temperatur 3 Minuten köcheln lassen. Den *curd*, 125 ml Wasser sowie gehackte Minze und Koriander unterrühren und alles aufkochen. Die Temperatur verringern und zugedeckt 15–20 Minuten köcheln lassen, bis die Sauce reduziert und leicht dick geworden ist. Von Zeit zu Zeit umrühren, damit die Sauce nicht am Topfboden ansetzt. Abschmecken und bei Bedarf nachsalzen (falls sie zu scharf ist, etwas mehr *curd* hineingeben).

Kurz vor dem Servieren das Kokosöl in einem großen Wok auf etwa 160 °C erhitzen (ein hineingegebener Weißbrotwürfel sollte in 30 Sekunden braun werden). Das Hähnchen mit abgewandter Öffnung vorsichtig in das Öl hineingleiten lassen. Im Abstand von einigen Minuten das Hähnchen mit einem großen Löffel mit dem Öl begießen. Es ist wichtig, dass das Hähnchen vollständig erhitzt wird und auf der Außenseite frittiert ist. Nach 7–8 Minuten das Hähnchen vorsichtig wenden, um die andere Seite zu bräunen. Bitte größte Vorsicht walten lassen, da das Öl beim Wenden des Hähnchens spritzen kann. Weitere 8–10 Minuten frittieren. Wenn das Hähnchen goldbraun ist und knusprige Ränder hat, vorsichtig aus dem Wok nehmen und beiseitestellen.

Einige Löffel der Sauce auf eine flache, ovale Platte geben, dann das frittierte Hähnchen darauflegen und mit der restlichen Sauce bedecken. Mit Chicken-*biryani* (siehe Seite 34) oder duftendem *samba*-Reis (siehe Seite 49) servieren.

ANMERKUNG: Die Lebensmittelfarbe Eigelb (*egg yellow food colour*) ist zwar eine typisch singhalesische Zutat. Aber sie enthält den Farbstoff Tartrazin, welcher Allergien verursachen und bei Allergikern Hyperaktivität und Asthma auslösen kann! Bei Bedenken ersetzen Sie sie einfach durch Safran.

MUNGBOHNEN-CURRY

Für 8 Personen als Beilage

Dieses milde Gericht aus Mungbohnen, frischen Erbsen, Cashewkernen und Karotten wird oft zu* biryani *gereicht. Es kann aber auch zusammen mit Reis gut allein gegessen werden.

ZUTATEN

- **220 g getrocknete Mungbohnen, über Nacht in Wasser eingeweicht**
- **1 Knoblauchzehe, geschält und in dünne Scheiben geschnitten**
- **1 Stk. Ingwer (3 cm), geschält und in dünne Scheiben geschnitten**
- **1 Stängel Zitronengras (8 cm), geschält und nur der weiße Teil sehr fein gehackt**
- **80 ml Kokosmilch plus 250 ml extra**
- **1 rote Zwiebel, geschält und in Scheiben geschnitten**
- **1 *rampe*-Blatt (10 cm), in 1 cm lange Stücke geschnitten**
- **etwa 15 Curryblätter**
- **1 dünne grüne Chilischote, geputzt und in Scheiben geschnitten**
- **1 Prise frisch gemahlener schwarzer Pfeffer**
- **1 EL Korma-Gewürzmischung (Asia-Laden)**
- **1 TL gemahlene Kurkuma**
- **1 TL gemahlene Kreuzkümmelsamen**
- **½ TL Salz**
- **2 Karotten, geschält und in kleine Würfel geschnitten**
- **800 g Erbsen, aus den Schoten gelöst, oder 300 g tiefgefrorene grüne Erbsen**
- **115 g Cashewkerne**
- **60 ml Kokoscreme**

ZUBEREITUNG

Das Einweichwasser von den Mungbohnen abgießen, waschen und wieder das Wasser abgießen. Die Mungbohnen in einen Topf mit 1,5 l Wasser geben und 10 Minuten kochen lassen, bis sie weich sind. Durch ein Sieb abseihen und beiseitestellen.

Knoblauch, Ingwer und Zitronengras mit etwas Wasser in einem Mörser zu einer Paste zermahlen. 80 ml Kokosmilch in einen Tontopf oder einen Topf mit schwerem Boden gießen und bei mittlerer Temperatur erhitzen. Dann die Zwiebel, das *rampe*-Blatt, die Curryblätter, die Chili, den Pfeffer und die Paste aus Knoblauch, Ingwer und Zitronengras hinzufügen. 3–5 Minuten unter regelmäßigem Umrühren garen. Falls die Gewürze am Boden ansetzen, etwas Wasser hinzufügen.

60 ml Wasser unterrühren und mit einem Holzlöffel alle am Topf angesetzten Stücke ablösen. Korma-Gewürzmischung, Kurkuma, Kreuzkümmel, Salz, Karotten, Erbsen, Cashewkerne, Kokoscreme und die zusätzliche Kokosmilch hineingeben. Mit einem flachen Löffel das Curry zusammendrücken. Bis kurz vor dem Siedepunkt erhitzen, dann die Mungbohnen unterrühren. Die Temperatur verringern und alles 10–15 Minuten zugedeckt kochen lassen, bis die Mungbohnen und die Karotten weich sind und die Flüssigkeit fast verkocht ist. Dabei regelmäßig umrühren. Als Beilage zu Chicken-*biryani* (siehe Seite 34) oder mit Reis servieren.

DUFTENDER SAMBA-REIS

Für 6 Personen als Beilage

**Samba-*Reis ist ein auf Sri Lanka angebauter Reis mit kleinen ovalen Reiskörnern mit einem speziellen Geschmack und einem leicht scharfen Aroma. Es wird oft gesagt, dass man sich an diesen von den Einheimischen geschätzten Geschmack erst gewöhnen muss, aber mir hat es geschmeckt. Es ist ein sehr stärkereicher Reis, das heißt er muss etwas länger als andere Reissorten gewaschen werden, aber machen Sie sich keine Sorgen, wenn das Wasser nicht ganz klar wird. Durch das Unterrühren von Gewürzen und etwas Ghee wird das scharfe Aroma gemildert und er erhält einen dezenten Geschmack, der hervorragend zu jedem gut gewürzten Curry passt.*

ZUTATEN

- **480 g weißer *samba*-Reis**
- **½ TL Salz**
- **1 EL Ghee (Butterschmalz)**
- **1 *rampe*-Blatt (8 cm), halbiert**
- **½ Zimtstange**
- **2 grüne Kardamomkapseln, zerdrückt**

ZUBEREITUNG

Den *samba*-Reis in ein Sieb geben und gut unter fließendem Wasser waschen, bis das Wasser ziemlich klar ist. Den Reis mit 1 l Wasser und die übrigen Zutaten in einen Topf geben und aufkochen. 1 Minute kochen lassen, dann die Temperatur verringern und zugedeckt 30 Minuten köcheln lassen, bis der Reis weich ist und das Wasser vollkommen aufgesogen hat.

VATTALAPPAM

Für 4–6 Personen

Vattalappam *ist ein besonders bei den tamilischen Moslems beliebtes traditionelles singhalesisches Dessert, das einem Karamellpudding ähnelt, aber aus* jaggery, *Kokosmilch und Kardamom zubereitet wird. Als Fareena das* vattalappam *aus dem Dampfgarer nahm und in Ghee gebratene Cashewkerne und Rosinen darüber streute, musste ich wirklich an mich halten, um nicht einen Löffel zu ergreifen und die Köstlichkeit zu probieren.*

ZUTATEN

210 g *jaggery*-Pulver
5 Eier
1 TL gemahlener Zimt
1 TL gemahlener Kardamom
1 Prise frisch geriebene Muskatnuss
¼ TL Salz
400 ml Kokoscreme
1 TL natürlicher Vanilleextrakt
40 g Cashewkerne, gehackt und in 1 EL Ghee goldgelb gebraten
1½ EL Rosinen

ZUBEREITUNG

Das *jaggery*-Pulver zusammen mit 60 ml Wasser in einen kleinen Topf mit dickem Boden geben und bei niedriger Temperatur erhitzen. Rühren, bis das Pulver sich aufgelöst hat. Beiseitestellen, bis es etwas abgekühlt ist.

In einer großen Schüssel mit einem elektrischen Rührgerät auf niedriger Stufe die Eier verschlagen und dann nach und nach Zimt, Kardamom, Muskatnuss und Salz unterrühren, gefolgt von Kokoscreme und Vanilleextrakt. Weitere 2 Minuten rühren. Die Masse in eine gefettete ofenfeste Form mit einem Fassungsvermögen von 1¼ l füllen, mit Frischhaltefolie abdecken und diese mit einem großen Gummiband oder einer Küchenschnur befestigen.

Einen großen Wok zu einem Drittel mit Wasser füllen und einen Bambus-Dampfgarer hineinstellen. Darauf achten, dass der Dampfgarer das Wasser nicht berührt. Das Wasser aufkochen, die Form mit der Masse in den Dampfgarer stellen und den Deckel auflegen. Die Temperatur verringern, sodass das Wasser nur noch köchelt und den Pudding etwa 1 Stunde garen. Mithilfe eines dicken Küchenhandtuchs die Form vorsichtig aus dem Dampfgarer nehmen und die Folie entfernen. Um zu testen, ob der Pudding fertig ist, mit einem Messer in die Mitte stechen. Es sollte beim Herausziehen sauber sein, ohne anklebende Puddingmasse.

Auf den noch heißen Pudding die gebratenen Cashewkerne und Rosinen streuen. Dieses Dessert wird zwar traditionell kalt gegessen (der Pudding wird beim Abkühlen etwas flacher), aber es ist auch warm ein Genuss.

FALUDA

Ergibt 6 Gläser

Faluda ***ist ein süßes Getränk aus Rosensirup, Milch, Basilikumsamen, Vermicelli-Nudeln und rotem Gelee. Als Fareena mir ein Glas davon anbot, hatte ich erst etwas Bedenken wegen der pinken Farbe und des leichten Moschusgeruchs, aber es war köstlich und wirklich erfrischend. Ich schluckte es schnell herunter und vergaß völlig, dass es mit Leitungswasser hergestellt war.***

ZUTATEN

85 g Erdbeer- oder Himbeer-Götterspeise-Pulver
1 EL Basilikumsamen
35 g getrocknete Vermicelli-Nudeln
1 l Vollmilch
2 EL Zucker
185 ml Rosensirup
270 g Eiswürfel

ZUBEREITUNG

Die Götterspeise nach der Anweisung auf der Verpackung zubereiten, dann beiseitestellen und auf Zimmertemperatur abkühlen lassen. Eine rechteckige Form (etwa 12 × 20 cm) mit Frischhaltefolie auskleiden, dabei etwas Folie über die Ränder hängen lassen. Das Gelee in die ausgekleidete Form gießen und zum Festwerden in den Kühlschrank stellen.

Die Basilikumsamen 15 Minuten in 500 ml kaltem Wasser einweichen, bis sie weich und aufgequollen sind. Während die Samen einweichen, 500 ml Wasser in einem Topf zum Kochen bringen, die Vermicelli-Nudeln hineingeben und 2–3 Minuten weichkochen. Das Wasser abgießen und die Nudeln unter kaltem fließendem Wasser abspülen, um den Garprozess zu unterbrechen. Dann die Nudeln beiseitestellen.

Die Milch in einem großen Topf mit schwerem Boden aufkochen. Den Zucker hineinrühren und dann die Temperatur verringern und alles bei niedriger Temperatur 2–3 Minuten köcheln lassen, bis der Zucker sich aufgelöst hat. Vom Herd nehmen und den Rosensirup hineinrühren. Beiseitestellen und leicht abkühlen lassen.

Die Basilikumsamen abgießen und zum *faluda* geben, gefolgt von den Vermicelli-Nudeln. Alles in einen großen Krug oder eine Schüssel geben und im Kühlschrank kalt werden lassen.

Wenn das *faluda* kalt ist, die Götterspeise vorsichtig aus der Form lösen und in 2 cm große Würfel schneiden. Sechs große Gläser jeweils zur Hälfte mit den Gelee- und Eiswürfeln füllen und mit dem Faluda aufgießen. Als Getränk oder Dessert servieren.

DAS LICHTERFEST
Vesak

Die Stadt bebt vor Aufregung und Vorfreude darauf, dass etwas Großes bevorsteht: Heute beginnt *vesak*, das Lichterfest, das jedes Jahr am ersten Vollmond im Mai stattfindet und bei dem Geburt, Erleuchtung und Tod von Buddha gefeiert werden. Eine Woche lang hat sich Colombo auf den heutigen Abend vorbereitet und die ganze Stadt ist geschmückt. Geschäfte, Hotels und Tempel sind in märchenhaftes Licht getaucht. Laternen und buddhistische Flaggen hängen in den Straßen und vor den Häusern und der Geruch brennender Öllampen und Räucherstäbchen zieht durch die Stadt. Es wurden riesige *pandals* – überdimensionale bunte Bilder – aufgestellt, die mit Tausenden bunter Lichter dekoriert sind und Szenen aus Buddhas Leben darstellen. Obwohl das Fest offiziell erst beginnt, wenn die *pandal*-Lichter angeschaltet werden, haben einige Aktivitäten bereits begonnen. In den Tempeln drängen sich weiß gekleidete Gläubige, die den Lehren Buddhas lauschen und Opfergaben darbringen.

Von Zeit zu Zeit ist das Geräusch von Feuerwerkskörpern in den verschiedenen Teilen der Stadt zu hören. Sajeeva, mein buddhistischer Tuk-Tuk-Fahrer, erzählt mir, dass damit den Leuten signalisiert wird, wann ein *dansal*, ein kostenloser Imbissstand, Essen und Trinken verteilt. Kaum hat er seine Erklärung beendet, hören wir erneut einen lauten Knall. Schnell fahren wir die Straße entlang in die Richtung, aus der das Geräusch kam. Der erste *dansal*, auf den wir stoßen, befindet sich an einer nahe gelegenen Schule, und hier wird kostenlos Eiscreme verteilt. Etwa 100 Leute haben sich in einer Schlange versammelt und jeder versucht, sich mit ausgestreckten Armen zum Stand vorzudrängeln. Das Lärmen und Rufen der Leute wird nur von der religiösen Musik übertönt, die aus Lautsprechern dröhnt.

Zwei Eiscremes später sitzen wir wieder im Tuk-Tuk und rattern die Straßen entlang. Als wir uns einer verkehrsreichen Kreuzung in Nugegoda nähern, sehen wir eine lange Schlange. Dieser *dansal* wurde von den Besitzern eines kleinen Eisenwarenladens errichtet, die dafür ein Stück des Bürgersteigs vor dem Laden abgesperrt haben. Die Verteilung des Essens hat noch nicht begonnen, aber ich kann große Stapeln von Kisten mit *roti* und große Kannen mit Tee sehen. Nachdem der Ladenbesitzer seine Rede an einem knatternden Mikrofon beendet hat, zündet der neben ihm stehende Mönch mit einer Kerze eine Öllampe an. Dann reicht er die Kerze an den Ladenbesitzer weiter, der dasselbe tut. Das ist das Signal, dass der *dansal* nun geöffnet ist. Laute Musik beginnt zu spielen und die Leute schieben und drängeln, um an den Anfang der Schlange zu gelangen.

9
6
7
8
2
13

Wir setzen uns wieder in das Tuk-Tuk und fahren durch die Vororte der Stadt, wobei wir an verschiedenen Ständen einige der besten vegetarischen Gerichte probieren, die ich je gegessen habe. An einem buddhistischen Tempel essen wir gekochten Maniok und *lunu miris*, einen würzigen Zwiebel-Chili-*sambol*. Vor einem Musikgeschäft bekomme ich mein erstes Glas *kola kenda*, ein köstliches, breiähnliches Getränk, das aus Blattgemüse, rotem Reis und Kokosmilch zubereitet wird.

In Kirulapone hält Sajeeva kurz an, um seine Mutter zu besuchen, und sie besteht darauf, dass wir ein Glas *inguru koththamalli* (Koriander-Ingwer-Tee) vom *dansal* in der Nähe ihres Hauses probieren. Dieser Stand scheint noch beliebter zu sein als die anderen, die wir besucht haben. Männer schieben sich mit Tabletts, auf denen sie kleine Plastiktassen voller Tee balancieren, am Straßenrand durch die Menschen und reichen sie an Motorradfahrer und durch Autofenster. Als wir das Stadtzentrum um Beira Lake erreichen, sind die Straßen hoffnungslos verstopft. Es sind nicht nur Leute aus Colombo hier, sondern auch viele aus den umliegenden Dörfern. Einige verlassen ihre Transporter gar nicht erst, sondern schauen sich alles von ihrem Wagen aus an, auf dem sie es sich mit Sitzkissen, Stühlen, Polstern und Teppichen bequem gemacht haben.

Nach dem Ende des 18:00 Uhr-Gebets im Gangaramaya-Tempel strömen jede Menge Gläubige auf die Straße am See. Ein weiß gekleideter Frauenchor mit buddhistischen Fahnen in den Händen singt auf einer Freiluftbühne. Ganz in der Nähe werden handgefertigte Laternen angezündet, die versuchen, sich einander an Schönheit zu übertreffen. Die schönste wird den diesjährigen *vesak*-Laternenwettbewerb gewinnen.

„Wir setzen uns wieder in das Tuk-Tuk und fahren durch die Vororte der Stadt, wobei wir an verschiedenen Ständen einige der besten vegetarischen Gerichte probieren, die ich je gegessen habe.«

Als das zentrale *pandal* neben dem Tempel endlich angeschaltet wird, klatscht und jubelt die Menge – das Festival ist offiziell eröffnet. Ein Feuerwerk erleuchtet den Himmel und die Menschenmenge bewegt sich wie eine einzige Masse zum Ufer des Sees, wo jeder hofft, einen guten Aussichtspunkt zu bekommen. Mit bunten Lichtern geschmückte Boote fahren auf dem See und bewegen sich friedlich zwischen schwimmenden, beleuchteten Lotusblüten umher. Eine mit kleinen blauen Lichtern geschmückte Brücke wird geöffnet und die Menschen strömen zu einem schwimmenden Garten.

Der Garten und der See heben sich wunderschön beleuchtet gegen den Nachthimmel ab und verstärken die märchenhafte Stimmung des Festivals. Nun hat die allgemeine Erregung ihren Höhepunkt überschritten und ein Gefühl der Ruhe scheint die Menschen zu überkommen. Colombo während des *vesak*-Festivals zu erleben, ist absolut faszinierend und ein unvergessliches Erlebnis.

MANIOK MIT LUNU MIRIS

Für 4 Personen als Beilage

Lunu miris *ist ein feuriges Zwiebel-Chili-*sambol*, das als würzige Beilage zu vielen Gerichten gereicht wird. Während des* vesak*-Festivals wird es vom* dansal *am Wickramasingharamaya-Tempel zusammen mit gekochtem Maniok verteilt. Da die Mönche streng vegetarisch leben, haben die Anwohner keinen* maldive fish *in das* lunu miris *gegeben, obwohl das eigentlich der Tradition entspricht. Ich war etwas verwundert, dass keiner der Mönche beim Kochen half, erfuhr aber bald, dass die Mönche selbst kein Essen zubereiten. Alles, was sie essen, wird von Familien aus der Umgebung zubereitet und gespendet.*

LUNU MIRIS

1 EL *maldive-fish*-Flocken (nach Belieben)
1 EL getrocknete Chilistücke
Salz
½ rote Zwiebel, geschält und sehr fein gehackt
Saft von ½ Limette

MANIOK

650 g Maniok (Cassava) (oder 600 g tiefgefrorener)
1 TL gemahlene Kurkuma (für frischen Maniok)
***kanda*-Blätter zum Servieren (alternativ Bananenblätter)**

ZUBEREITUNG

Für das *lunu miris* den *maldive fish* in einem Mörser (oder einer Gewürzmühle) zu einem groben Pulver zermahlen. Die getrockneten Chilistücke, ½ TL Salz und die Zwiebel hinzufügen und alles weiter im Mörser zu einer feinen Paste zermahlen. Den Limettensaft dazugeben und alles gut verrühren und beiseitestellen.

Den frischen Maniok schälen und in 3 cm große Würfel schneiden. Damit sie sich nicht verfärben, eine große Schüssel mit Wasser füllen, die Kurkuma hineinrühren und die geschnittenen Maniokwürfel hineingeben. Tiefgefrorener Maniok ist bereits geschält und braucht nicht in Kurkuma-Wasser gelegt zu werden. Den tiefgefrorenen Maniok erst ein wenig antauen lassen und dann in Würfel schneiden. Anschließend beiseitestellen.

In einem großen Topf Wasser zum Kochen bringen und 1½ TL Salz und die abgegossenen Maniokstücke hineingeben. Bei mittlerer Temperatur 10 Minuten kochen, bis der Maniok weich ist. Das Wasser abgießen und den Maniok warm auf einem *kanda*-Blatt mit einem Löffel *lunu miris* servieren.

INGWER-KORIANDER-TEE

Ergibt 4 Tassen

Meine erste Tasse Ingwer-Koriander-Tee habe ich an einem* dansal *in Kirulapone getrunken. Ich fand ihn einfach köstlich und der riesigen Anzahl von Tuk-Tuks, Motorrädern, Autos und Bussen nach zu urteilen, deren Fahrer angehalten hatten, um ebenfalls eine Tasse zu ergattern, fanden alle anderen das auch. Dem Tee wird eine Heilwirkung zugeschrieben und er wird gegen Erkältung, Halsschmerzen und Muskelschmerzen getrunken.

ZUTATEN

50 g Koriandersamen, gewaschen

40 g Ingwer, geschält und in grobe Scheiben geschnitten

Zucker oder Honig (nach Belieben)

ZUBEREITUNG

Die Koriandersamen und den Ingwer in einen Topf mit 1 l Wasser geben. Zum Kochen bringen, die Temperatur verringern und 15 Minuten ohne Deckel köcheln lassen. Abseihen, nach Belieben süßen, gut umrühren und heiß servieren.

2012

KOLA KENDA

Ergibt 6 Gläser

Kola kenda *ist ein breiähnliches Getränk, das aus rotem Reis, Kokosmilch und dem Saft von Blattgemüse zubereitet wird. Das erste Mal habe ich es an einem* dansal *in Boralesgamuwa probiert. Dort wurde es warm in Gläsern mit einem kleinen Stück* jaggery*-Zucker gereicht, an dem zwischen den Schlucken geknabbert wurde. Die beliebteste (und traditionelle) Variante wird mit* gotu-kola*-Blättern zubereitet.*

ZUTATEN

165 g roter Reis

750 g *gotu-kola*-Blätter (alternativ eine Mischung aus Spinat, Wasserkresse und Petersilie)

375 ml Kokosmilch

1 Prise Salz

***jaggery*-Zucker-Stücke zum Servieren**

ZUBEREITUNG

Den Reis sorgfältig waschen, in einen Topf mit 1 l Wasser geben und aufkochen. Die Temperatur verringern und 30 Minuten zugedeckt köcheln lassen, bis der Reis gar und breiartig ist.

Während der Reis kocht, den *gotu-kola*-Saft zubereiten. Dazu die *gotu-kola*-Blätter waschen und die unteren 5 cm der Stiele abschneiden und entsorgen. Den Rest der Blätter in einen Entsafter geben. Es werden etwa 250 ml Saft benötigt. Alternativ Spinat, Wasserkresse und Petersilie putzen, waschen und ebenfalls in einen Entsafter geben. Den Saft beiseitestellen.

Die Kokosmilch unter den Reis rühren und bei Bedarf etwa 125 ml Wasser hinzufügen (*kola kenda* soll dickflüssig sein). Ohne Deckel 5 Minuten köcheln lassen, bis der Reis eine breiartige Konsistenz hat. Den Saft und das Salz unterrühren, bis kurz vor dem Siedepunkt erhitzen und vom Herd nehmen. Heiß und mit jeweils einem Stück *jaggery*-Zucker servieren.

ANMERKUNG: In Sri Lanka werden die Blätter für den *gotu-kola*-Saft portionsweise in einem Mixer püriert und dann durch ein feines Sieb abgeseiht. Wenn Sie keinen Entsafter haben, können Sie es entweder so machen oder Sie bitten Ihren Gemüsehändler, die Blätter für Sie zu entsaften.

පොල් පැණි
Delicious COCONUT HONEY
12 / 03 / 2012
12 / 03 / 2013
375 ml
Isuru Products
Contact 2479 585
VEYANGODA
Somagiri Book Shop
033-2290388
completed house
furniture and all facili
Galle Road

DIE MITTE UND DER SÜDEN *Teeplantagen*

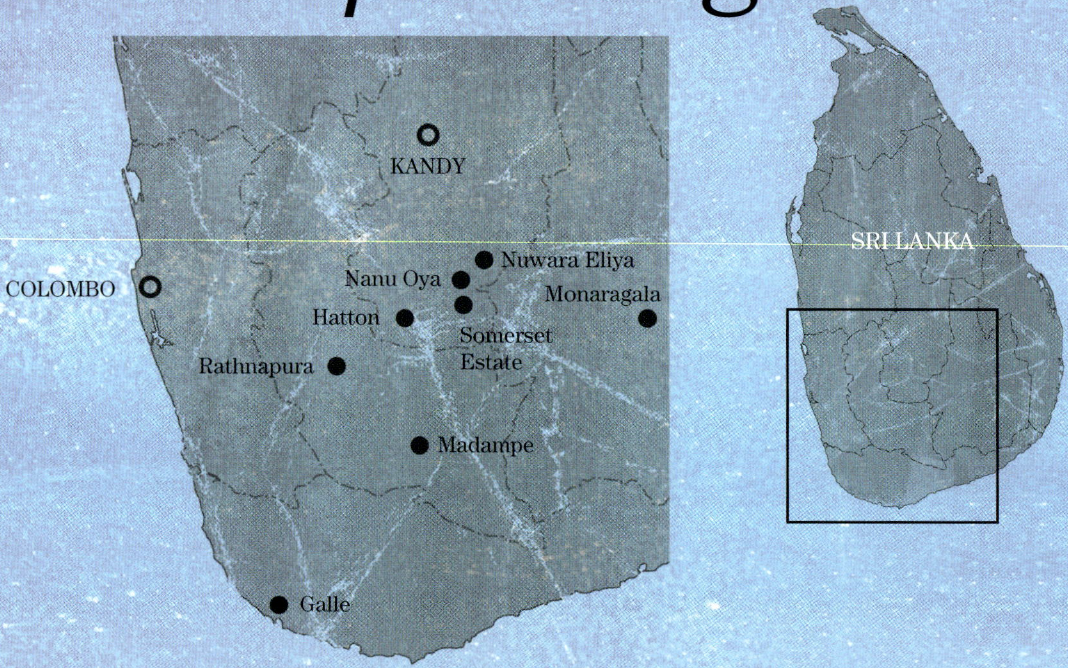

Sri Lankas üppig bewachsene zentrale Hügellandschaft im südlichen Teil des Landes wird von den Einheimischen als Landesinneres bezeichnet. Sie bietet mit ihren nebelverhangenen Bergen, den hohen Wasserfällen, an Hügel geschmiegten Dörfern und einem riesigen Teppich grüner Teeplantagen das Bild einer perfekten Postkarten-Idylle.

Zur Mittagszeit treffen sich die Teepflückerinnen und genießen ihr mitgebrachtes Essen aus Reis und Curry. Die meisten von ihnen sind Tamilen. Der von ihnen gesprochene Dialekt unterscheidet sich leicht von dem der Jaffna-Tamilen. Diese Region, in der sich früher das alte singhalesische Königreich Kandy befand, ist nach wie vor das spirituelle Zentrum der Buddhisten von Sri Lanka. Glücklicherweise wurde die Region während des Krieges von größeren Schäden verschont und man vergisst hier leicht die früheren Konflikte.

Die Küche ist einfach und frisch und nutzt vor allem das hier in großen Mengen angebaute Obst und Gemüse. Gewürze und Kokosmilch werden dafür weniger verwendet.

NEUJAHR
Aluth Avurudu & Puthandu

Die Neujahrsfeierlichkeiten in Sri Lanka bieten die Möglichkeit, eine Vielfalt köstlicher traditioneller Gerichte zu probieren, von denen die meisten frittiert sind und eine erschreckende Menge Zucker enthalten. Die hier als *sweetmeats* bezeichneten Süßigkeiten gehören zur ersten Mahlzeit des neuen Jahres und werden auch während der Feierlichkeiten angeboten. Zu Neujahr sind *sweetmeats* für die Sri Lanker das, was für Europäer der Sekt ist.

Das neue Jahr – auf Singhalesisch *aluth avurudu* und auf Tamilisch *puthandu* – wird Mitte April gefeiert und beginnt nicht um Mitternacht, sondern zu einer von Astrologen berechneten, Glück verheißenden Zeit. Die Feierlichkeiten dauern über eine Woche, wobei während dieser Zeit die meisten Geschäfte und Firmen geschlossen sind. Einige Tage vor Neujahr sind jede Menge Leute in der letzten Minute auf der Suche nach einem passenden Geschenk und dem perfekten Outfit. Abends sind die öffentlichen Verkehrsmittel voll mit Menschen, die aus der Stadt in ihre Dörfer zurückkehren.

Auch wenn die singhalesischen Buddhisten und die tamilischen Hindus jeweils ihre eigenen religiösen Zeremonien haben, ähneln sich viele ihrer Rituale und Traditionen. Die wichtigsten sind das Anzünden des Herdes und das Kochen der Milch am Neujahrsmorgen, sowie die erste Mahlzeit des Jahres einige Stunden später. Der genaue Zeitpunkt dafür ist bei Tamilen und Singhalesen unterschiedlich, und auch die Gerichte unterscheiden sich. Man trägt besondere Farben und die Rituale haben spezielle Abläufe, um sich Glück für das kommende Jahr zu sichern. Es werden Geschenke, meistens Kleidung, ausgetauscht und Freunde und Familienmitglieder werden gesegnet.

In der Zeit vor Neujahr wird das Haus gereinigt, Öllampen werden angezündet, Schulden beglichen und Streitigkeiten beigelegt. Die hinduistischen Tamilen verwenden Kräuterwasser als Teil ihres Neujahrsrituals, während die buddhistischen Singhalesen ihre traditionelle Ölsalbung durchführen, die allerding erst einige Tage später stattfindet. Beide religiöse Gemeinschaften gehen eine Woche nach Neujahr wieder zur Arbeit, zum selben glückbringenden Zeitpunkt.

Die vielen Rituale mit eigener Symbolik können die Neujahrsfeierlichkeiten in Sri Lanka für einen Außenstehenden sehr verwirrend machen, aber es ist eine herrliche Zeit. Anstatt zu versuchen, den Sinn hinter allem zu ergründen, bin ich einfach in die mir unbekannten Traditionen eingetaucht und habe die vielen Farben und Speisen genossen.

TAMILISCHE FEIERLICHKEITEN

Mahalukshmi

Ich stehe in einer Gruppe von Frauen, die in Saris in leuchtenden Farben gehüllt sind, während barfüßige Männer in weißen Sarongs Kokosnüsse auf der Straße zerschmettern. Kokosstücke fliegen durch die Gegend und Kokoswasser spritzt umher, verschmiert *bindis* und befleckt Saris. Männer mit Schaufeln versuchen schnell, die Schalen zu entfernen, aber kaum sind diese weggeräumt, kommen neue hinzu. Es ist kurz nach Sonnenaufgang und ich befinde mich mit Hunderten von Hindus auf der Sea Street in Colombo, um den Beginn der Feierlichkeiten für *puthandu*, das tamilische Neujahr, zu begehen. Nachdem alle Kokosnussschalen aufgefegt sind, tauchen zwei große, geschmückte Wagen auf. Gefolgt werden sie von einem kleineren, von Kühen gezogenen Wagen. Auf jedem der Wagen sitzt eine Statue des elefantenköpfigen Gottes *pillaiyar*, auch bekannt als *ganesha*, der Gott der Weisheit, des Wohlstands und des Glücks.

Die Wagen halten an und die Menge singt spirituelle Lieder, während der *kurukkal* (Priester) des *kovil* (Tempel) die Statuen mit Blumengirlanden und Kleidung mit Goldfäden schmückt. Opfergaben in Form von Früchten, Blumen, Rosenwasser, Weihrauch und Seide werden dem *kurukkal* auf einem Tablett gereicht, der diese segnet. Dieser Opfergaben sind ein Dank an *ganesha* für ein Jahr voller Glück und die Bitte um seinen Segen für ein erfolgreiches neues Jahr. Begleitet von Musik, Trommeln und Gesang fahren die Wagen einige Meter weiter, um erneut stehen zu bleiben, als weitere Opfergaben gereicht werden. Währenddessen werden vorne auf der Straße wieder Kokosnüsse zerschmettert. Das Zerschmettern von Kokosnüssen symbolisiert das Freisetzen von schlechten Energien, die die Menschen zurückhalten. Das weiße Fleisch der Kokosnuss symbolisiert ein reines Herz.

Nach einigen Stunden verlasse ich die Prozession und begebe mich in das Landesinnere, wo ich eingeladen bin, an den Neujahrsfeierlichkeiten teilzunehmen. Die Fahrt auf kurvenreichen Bergstraßen dauert etwa fünf Stunden und es geht langsam voran. Aber die Kulisse ist atemberaubend schön. Üppige grüne Teeplantagen bedecken die Berghänge. Ab und an sieht man am Straßenrand Stände, an denen Gemüse und mir völlig unbekannte Früchte angeboten werden. Am späten Nachmittag erreichen wir Hatton. In einem kleinen Haus neben dem größten *kovil* der Stadt werde ich von einer fröhlichen Frau namens Mahalukshmi willkommen geheißen. Sie begrüßt mich so herzlich, dass ich das Gefühl habe, wir würden uns schon Jahre kennen. Ihr Mann ist einer der *kurukkal* und heute im *kovil* mit den Vorbereitungen für die abendliche Zeremonie beschäftigt, während Mahalukshmi in ihrem Haus das Essen für das große Festmahl im *kovil* zubereitet.

Die Vorbereitungen für das Fest sind in vollem Gange, aber bevor ich mitmachen kann, tischt mir Mahalukshmi eine lange Reihe von Gerichten auf und besteht darauf, dass ich mich hinsetze und esse. Es gibt frittierte Linsenbratlinge (*vadai*), frittierte und gekochte Kichererbsen (*soundal*) und einen mit *jaggery*-Zucker gesüßten Reisbrei (*pongal*). Mahalukshmi verschwindet in der Küche und kommt mit einer kleinen Tasse mit warmem Sago (*payasam*) zurück. Es schmeckt himmlisch – süß und cremig mit Kardamom-Aroma. Während ich an meinem Sago nippe und jeden Schluck genieße, erklärt mir Mahalukshmi, dass alle Gerichte für den *kovil* zu Hause gekocht werden müssen, um sicherzustellen, dass alles »sauber und rein« ist und dass alle Zutaten von bester Qualität sind. Nach dem Essen geselle ich mich zu Mahalukshmi, ihrer Schwägerin Annapoorani und ihrer Freundin Valliyamma. Die Frauen sitzen im Schneidersitz auf dem Fußboden im Schlafzimmer, legen eine Füllung auf flache Teigscheiben und formen diese anschließend zu kleinen Bällchen. Ihre Hände bewegen sich im Rhythmus.

»Wir bereiten gerade *mothagam* zu«, erklärt mir Mahalukshmi. »Diese sollen das Lieblingsgericht von *ganesha* sein und werden ihm als Opfergabe dargebracht.« Sie zeigt auf ein Bild des Gottes mit dem Elefantenkopf und meint: »Er hält einen Teller mit *mothagam* in der Hand. Die äußere Teigtasche symbolisiert die Welt und die Füllung das Leben von Menschen wie uns.«

»Die Frauen sitzen im Schneidersitz auf dem Fußboden im Schlafzimmer, legen eine Füllung auf flache Teigscheiben und formen sie anschließend zu kleinen Bällchen. Ihre Hände bewegen sich im Rhythmus.«

Mothagam sind süße Knödel, die mit frischem Kokos, Mungbohnen, *jaggery* und Gewürzen gefüllt sind. Sie sind eine traditionelle Süßigkeit für das tamilische Neujahr, werden aber manchmal auch zu besonderen Anlässen und Feierlichkeiten serviert. Als sie sieht, wie fasziniert ich von der Form der Knödel bin, erklärt mir Valliyamma: »Die Form soll dem Bauch des Elefanten ähneln und die Spitze dem Rüssel.« Ich versuche es, aber es ist nicht so einfach, wie es aussieht. Zum Glück ist Valliyamma geduldig und nach einer Weile sind meine Knödel gut genug, um zusammen mit den anderen weiterverarbeitet zu werden.

Bald ist es so weit und sie werden dampfgegart. Ich bin allerdings etwas enttäuscht, als ich erfahre, dass ich bis nach der *kovil*-Zeremonie warten muss, um einen zu probieren. Es ist Tradition, dass die *mothagam* zuerst *ganesha* dargereicht werden, bevor sie unter den Gläubigen verteilt werden.

PAYASAM

Ergibt 8 Tassen

***Payasam** (Sago) ist ein süßes Gericht, das auf keinem tamilischen Fest fehlen darf. Man bekommt es oft in kleinen Edelstahltassen serviert, traditionell wird es jedoch auf einem Bananenblatt gereicht. Das beste **payasam** habe ich bei Mahalukshmi probiert. Es war wunderbar cremig, mit Kardamom aromatisiert und mit Cashewkernen und Rosinen bestreut.*

ZUTATEN

¾ EL getrocknete Mungbohnen
1 EL Ghee (Butterschmalz) plus 1 EL extra
200 g Sago
30 g getrocknete Vermicelli-Nudeln
2 EL grob gehackte Cashewkerne
1 EL Rosinen
1 Prise Salz
875 ml Kokosmilch
200 g Streuzucker
1 TL gemahlener Kardamom
125 ml Kokoscreme

ZUBEREITUNG

Die Mungbohnen in einer Pfanne mit dickem Boden bei mittlerer Temperatur 4 Minuten rösten. Beiseitestellen und etwas abkühlen lassen. Die Mungbohnen in einem Mörser (oder einer Gewürzmühle) zu einem feinen Pulver zermahlen und beiseitestellen.

Das Ghee in der Pfanne schmelzen und den Sago bei mittlerer Temperatur 3 Minuten braten, bis er sich aufbläht und aufpoppt. Die Vermicelli-Nudeln dazugeben und unter ständigem Rühren 1 Minute braten, bis sie goldbraun sind. Vom Herd nehmen und beiseitestellen. Die Cashewkerne und Rosinen in dem übrigen Ghee bei niedriger Temperatur 1–2 Minuten braten. Mit einem Schaumlöffel herausnehmen und auf Küchenpapier abtropfen lassen.

In einem großen Topf 875 ml Wasser zum Kochen bringen. Eine Prise Salz hinzufügen, dann den Sago und die Vermicelli-Nudeln in das Wasser geben und gut umrühren. Bei niedriger Temperatur 18 Minuten köcheln lassen, bis die Masse dick zu werden beginnt und der Sago gekocht und durchsichtig ist, regelmäßig umrühren. Während der letzten 5 Minuten ständig rühren, damit der Sago nicht am Boden des Topfes ansetzt. Bei Bedarf etwas Wasser zugießen.

Die Kokosmilch hinzufügen und alles bis kurz vor dem Siedepunkt erhitzen. Dann die Temperatur verringern und 3 Minuten unter ständigem Rühren köcheln lassen. Das Mungbohnenmehl hineinrühren und weitere 3–4 Minuten köcheln lassen. Zucker, Kardamom und Kokoscreme hinzufügen und unter Rühren 4–5 Minuten kochen. Die gebratenen Cashewkerne darüberstreuen. Heiß in kleinen Tassen servieren.

PONGAL

Für 8 Personen

Dieser süße Reisbrei ist ein traditionelles tamilisches Neujahrsdessert, wird aber auch zu anderen wichtigen Zeremonien serviert. Einmal, als ich morgens den Strand in Point Pedro entlangging, sah ich, wie ein ganzes Dorf* pongal *von Bananenblättern aß. Ein ortsansässiger Fischer hatte kürzlich ein neues Boot gekauft und seine Frau hatte ihre Kochutensilien an den Strand gebracht und einen großen Topf* pongal *gekocht. Dadurch teilte sie ihre Freude mit der Dorfgemeinschaft.

ZUTATEN

55 g getrocknete Mungbohnen
2 EL Ghee (Butterschmalz) plus 1 EL extra
80 g Cashewkerne, grob gehackt, plus 40 g ganze Cashewkerne zum Garnieren
50 g Rosinen
420 g roter Reis
½ TL Salz
260 g *jaggery*-Pulver
¼ TL gemahlener Kardamom
120 g Kokosnuss, frisch geschabt
250 ml Kokosmilch
125 ml Kokoscreme

ZUBEREITUNG

Die Mungbohnen in einer Pfanne mit dickem Boden bei mittlerer Temperatur 4 Minuten rösten. Beiseitestellen und etwas abkühlen lassen. Die Mungbohnen in einem Mörser zerstoßen, bis sie aufbrechen, dann beiseitestellen.

Das Ghee in der Pfanne bei mittlerer Temperatur schmelzen und die gehackten Cashewkerne und Rosinen unter ständigem Rühren 1–2 Minuten braten, bis sie goldgelb sind. Mit einem Schaumlöffel herausnehmen. Die ganzen Cashewkerne hineingeben und ebenfalls goldgelb braten. Zum Abkühlen beiseitestellen.

Den roten Reis in kaltem Wasser waschen. 1,5 l Wasser in einem großen Topf zum Kochen bringen. Den roten Reis, die Mungbohnen und das Salz hineingeben. Unter Rühren zum Kochen bringen. Dann die Temperatur verringern und 15–20 Minuten zugedeckt köcheln lassen, bis der Reis ganz weich ist. Bei Bedarf etwas kochendes Wasser hinzufügen.

Das *jaggery*-Pulver hineingeben, bei niedriger Temperatur köcheln lassen, bis es sich aufgelöst hat. Ständig rühren, damit die Masse nicht am Boden des Topfes ansetzt. Kardamom, die gehackten Cashewkerne und Rosinen, Kokos und das übrige Ghee hinzufügen und alles gut verrühren. 2 Minuten unter ständigem Rühren köcheln lassen. Langsam die Kokosmilch und die Kokoscreme hinzugießen. Eine weitere Minute unter Rühren köcheln lassen, bis der Reisbrei dick und klebrig ist. Mit den beiseitegelegten Cashewkernen garniert servieren.

MOTHAGAM

Ergibt 30 Stück

Mothagam *sind köstliche süße Knödel, die mit einer Mischung aus Mungbohnen, Gewürzen, Kokosnuss und* jaggery*-Zucker gefüllt sind. Als ich zu Hause in einen Laden mit singhalesischen Lebensmitteln ging und dem tamilischen Eigentümer erklärte, ich wolle* mothagam *zubereiten, lachte er ungläubig in sich hinein. Als ich aber wiederkam und ihm berichtete, dass sie ein großer Erfolg waren, erzählte er allen seinen Kunden, dass ich* mothagam *zubereiten konnte, und gab mir einen großzügigen Rabatt.*

FÜR DIE FÜLLUNG

- **110 g getrocknete Mungbohnen, über Nacht in Wasser eingeweicht**
- **120 g Kokosnuss, frisch geschabt**
- **1 TL Fenchelsamen**
- **85 g *jaggery*-Pulver**
- **2 TL gemahlener Zimt**
- **1 TL gemahlener Kardamom**
- **60 g weißer Würfelzucker**

FÜR DEN TEIG

- **250 g Weizenmehl**
- **480 g feines rotes Reismehl**
- **1 Prise Salz**
- **etwa 750 ml kochendes Wasser**
- **1½ EL Kokosöl plus etwas zum Braten**

ZUBEREITUNG

Für die Füllung die Mungbohnen abgießen, waschen und das Wasser wieder abgießen. Die Bohnen in einen Topf mit 500 ml Wasser geben und aufkochen. Die Temperatur verringern und zugedeckt 10–15 Minuten köcheln lassen, bis die Bohnen weich sind und beginnen aufzubrechen. Abgießen und beiseitestellen.

Das Kokosnussfleisch in einer Pfanne mit schwerem Boden bei mittlerer Temperatur unter ständigem Rühren 7–10 Minuten rösten, bis es gold- bis dunkelbraun ist. Aus der Pfanne nehmen. Die Fenchelsamen 1 Minute rösten und in einem Mörser (oder einer Gewürzmühle) zu Pulver zermahlen.

Das *jaggery*-Pulver bei mittlerer Temperatur in einem Topf mit schwerem Boden schmelzen und unter ständigem Rühren ein wenig Wasser (etwa 1½ EL) hinzufügen. Das Kokosnussfleisch und die Mungbohnen unterrühren und Fenchelpulver, Zimt und Kardamom dazugeben. Die Temperatur verringern und nach und nach den Würfelzucker hineingeben. Dabei die Masse sorgfältig mit einem Holzlöffel umrühren. Vom Herd nehmen und beiseitestellen.

Für den Teig das Mehl in einen mit zwei Schichten Musselin-Stoff oder einem Stück Backpapier ausgelegten Bambus-Dampfgarer geben. Einen Wok zu einem Drittel mit Wasser füllen und dieses zum Kochen bringen. Den Dampfgarer aufgedeckt in den Wok stellen, darauf achten, dass sein Boden das Wasser nicht berührt. Das Mehl 4 Minuten darin erhitzen, bis es warm ist. Von Zeit zu Zeit mit einer Gabel umrühren, um eventuelle Klumpen aufzulösen. Das warme Mehl in eine große Schüssel sieben. Das rote Reismehl dazusieben, Salz zufügen und alles vermischen.

Mit einem Holzlöffel langsam so viel kochendes Wasser einrühren, dass ein dicker, geschmeidiger Teig entsteht. Das Kokosöl unterheben und langsam 80 ml kaltes Wasser hinzufügen. Mit den Händen zu einem geschmeidigen Teig kneten. Den Teig leicht abkühlen lassen. Mit der Hand eine kleine Menge Teig abnehmen und zu einer Kugel, etwa von der Größe einer kleinen Limette, formen. Ebenso mit dem ganzen Teig verfahren und dann die Kugeln mit Frischhaltefolie abdecken, damit sie nicht austrocknen.

Die Hände mit etwas Kokosöl einreiben und jeweils eine Teigkugel zwischen den Handflächen zu einer 4 mm dicken Platte drücken. In die Mitte jeder Platte mit dem Daumen eine Vertiefung drücken und die Teigplatte dabei zu einer Schüssel formen. Je einen gehäuften Teelöffel der Füllung in diese Schüssel füllen, mit dem Zeigefinger hineindrücken und dann die Teigränder mit Daumen und Zeigefinger platt drücken. Die Ränder oben zusammenführen, zum Verschließen zusammenzwicken und zum Schluss ein wenig daran ziehen, sodass eine kleine Spitze entsteht. Mit dem Rest ebenso verfahren, dabei die Hände für jeden Knödel erneut gut mit Kokosöl einreiben.

In mehreren Portionen in einem mit zwei Schichten Musselin-Stoff ausgelegten Bambus-Dampfgarer garen, dabei die Knödel mit einem Abstand von 5–10 mm hineinlegen, damit sie nicht aneinanderkleben. 10–15 Minuten dämpfen, bis sie gar sind. Die äußere Schicht sollte glänzen. Vorsichtig auf ein Serviertablett legen und warm oder auch kalt servieren.

SINGHALESISCHE FEIERLICHKEITEN
Priyantha & Thiloma

Ich habe das Glück, zur ersten Mahlzeit des neuen Jahres bei einer buddhistischen singhalesischen Familie in Hatton eingeladen zu sein. Priyantha und seine Frau Thiloma leben mit ihren beiden Söhnen in einem großen modernen Haus am Rande des Tals. Ich erreiche ihr Haus um 22:00 Uhr, kurz vor der glücksbringenden Zeit, die für das Neujahrsessen errechnet wurde. Die Familie begrüßt mich herzlich und Priyantha führt mich stolz in ihrem neugebauten zweistöckigen Haus herum. Im Fernsehen läuft der Countdown für das neue Jahr und die Familie wartet geduldig auf den genauen Zeitpunkt, zu dem sie mit dem Essen beginnen kann.

Ich bemerke, dass im Wohnzimmer mehr als ein Dutzend Uhren hängen und frage Priyantha scherzhaft, ob er Angst hat, die errechnete Zeit zu verpassen. »Nein, nein. Ich habe eine Uhrmacherwerkstatt in Hatton«, antwortet er amüsiert. Priyantha ist außerdem Agent der Entwicklungslotterie Sri Lankas und Mitglied des Gemeinderates von Hatton und der Region Dickoya.

Als der Countdown so langsam zu Ende geht, helfen alle mit, das Essen auf den Tisch zu stellen, der mit einem weißen Tischtuch gedeckt und mit Blumen, einer großen Schale Bananen und einer kleinen Öllampe dekoriert ist. Es ist ein beeindruckendes Festmahl mit mehr als zehn verschiedenen Gerichten. Bis auf zwei Gerichte sind alle *sweetmeats*. Da gibt es *kiri bath* (Milchreisschnitten), *seeni sambol* (süßes Zwiebel-*sambol*), *kokis* (knusprig frittierte kleine Kuchen), *konda kavum* (frittierte Ölkuchen), *aluwa* (Kekse aus geröstetem Reismehl und Zucker), *mung keyum* (Kuchen aus Mungbohnen und Melassesirup), *pani walalu* (mit Zuckersirup getränkte, frittierte Teigschnecken), *dodol* (Palmzucker-Kokos-Gelee), Milchkaffee und Butterkuchen.

Ich spüre, dass irgendetwas Thiloma bedrückt. Als ich sie frage, erfahre ich, dass die Familie am Abend das Ritual des Milchkochens durchgeführt hat. Dabei hat die Milch jedoch nicht richtig gekocht und nun sorgt sie sich, dass das neue Jahr vielleicht nicht so erfolgreich sein wird. »Die Milch hätte überkochen und an der Seite des Topfes herunterlaufen sollen, als Symbol von Überfluss und Wohlstand für den Haushalt«, erklärt mir Thiloma.

Nun aber ist der Neujahrs-Countdown bei den letzten 10 Sekunden angelangt. Um genau 22:28 Uhr tönt es laut aus dem Fernseher: »*Suba aluth avurudhak veva*! – Frohes neues Jahr!«, rufen alle begeistert. Priyantha zündet den ersten Docht des Öllämpchens an und Thiloma den zweiten. Jeder der beiden Söhne zündet ebenfalls einen Docht an und ich bin wirklich gerührt, als ich aufgefordert werde, auch einen Docht anzuzünden.

Priyantha überreicht seiner Frau Betelblatt mit etwas Geld darauf und sie tut es ihm gleich. Dann wiederholen sie dieses Ritual mit ihren Söhnen.

Dieses Ritual heißt *ganu-dhenu* – Geben und Nehmen. Die beiden Jungen beugen sich hinunter und berühren die Füße ihrer Eltern als Zeichen des Respekts, während ihre Eltern sie segnen. Dann geht Priyantha in sein Arbeitszimmer, um die erste Geldtransaktion des neuen Jahres durchzuführen, und die Jungen öffnen ihre Schulbücher. Das Ganze dauert nur wenige Minuten und ist vor allem eine symbolische Geste.

Schließlich ist es endlich Zeit zum Essen. Priyantha nimmt ein Stück *kiri bath*, mit dem er seine Frau und dann jedes seiner Kinder füttert. Thiloma macht das Gleiche mit ihrem Mann und ihren Kindern. Priyantha stellt einen Teller voll mit *kiri bath* vor mich hin und ich bin dankbar, dass er nicht versucht, mich zu füttern. Ich fange an zu essen, der Reis ist cremig und lecker und durch das Kochen in Kokosmilch sehr reichhaltig. Ich genieße den Geschmack vor allem zusammen mit *seeni sambol*, einer Art karamellisierter Zwiebeln, wobei das *sambol* eine leichte Schärfe von Chili und einen Hauch Salzigkeit vom getrockneten *maldive fish* hat.

Es werden weitere Speisen auf meinen Teller getürmt und diesmal ist es *konda kavum*, das ich laut Priyantha unbedingt mit einer kleinen Banane zusammen essen muss. Das süße *konda kavum* hat vom Frittieren in Kokosöl und vom Würzen mit Fenchel und Kardamom ein ganz besonderes Aroma. Die Kombination mit der Banane bringt den Geschmack der Gewürze besonders gut zur Geltung.

»Ich genieße den Geschmack vor allem zusammen mit seeni sambol, *einer Art karamellisierter Zwiebeln, wobei das sambol eine leichte Schärfe von Chili und einen Hauch Salzigkeit vom getrockneten* maldive fish *hat.«*

Obwohl ich eigentlich schon satt bin, lockt mich doch das *dodol*. Es sieht aus wie dunkelbraunes Gelee und ich habe es schon im Geschäft gesehen, es aber wegen seines Aussehens immer wieder ignoriert. Ich probiere ein kleines Stück – es ist überraschend köstlich und schmeckt eher wie Pudding als wie Gelee.

Da ich mir selbst von dem *dodol* genommen habe, denkt Priyantha offensichtlich, dass ich noch hungrig bin und beginnt, weiteres Essen auf meinen Teller zu häufen. Als er nach einem *pani walalu* greift, gebe ich ihm zu verstehen, dass es reicht. Ich habe diese frittierten Teigschnecken in Zuckersirup schon einmal gegessen. Sie sind grässlich süß und sogar ich kenne meine Grenzen! Allerdings werde ich doch ein bisschen schwach und probiere ein kleines Stück – schließlich muss ich ja von allen Gerichten auf dem Neujahrstisch wenigstens etwas probieren.

Ich habe jetzt mehr Zucker gegessen, als mein Körper überhaupt vertragen kann, denke aber noch immer an Essen und die Zutaten für die einzelnen Gerichte. Von allen Gerichten, die ich heute probiert habe war für mich *seeni sambol* das leckerste. Und als Thomila mich fragt, ob ich am nächsten Tag wiederkommen möchte, um dessen Zubereitung zu lernen, nehme ich ihr Angebot gerne an.

KIRI BATH

Ergibt 15 Stück

Kiri bath *(Milchreisschnitten) ist ein traditionelles singhalesisches Gericht, das zu fast allen Festen, Zeremonien und zu besonderen Anlässen serviert wird. Priyantha dabei zuzuschauen, wie er seine Frau mit einem Stück* kiri bath *fütterte, war für mich schon etwas seltsam. Ich würde wahrscheinlich wegrennen, wenn jemand versuchen sollte, mich zu füttern. Aber es ist eine uralte Tradition in Sri Lanka und soll Glück bringen und die Einheit der Familie stärken.*

ZUTATEN

440 g weißer Mittelkornreis
1 Prise Salz
500 ml Kokosmilch
250 ml Kokoscreme

ZUBEREITUNG

Den Reis gut waschen und mit so viel Wasser in einen Topf geben, dass das Wasser 2,5 cm über dem Reis steht. Mit einer Prise Salz aufkochen. Die Kokosmilch einrühren und alles wieder zum Kochen bringen. Dann die Temperatur verringern und 15–20 Minuten zugedeckt köcheln lassen, bis der Reis weich ist. Er sollte feucht und klebrig sein. Nun die Kokoscreme unterrühren und weitere 3–5 Minuten ohne Deckel kochen lassen, bis die Kokoscreme aufgesogen ist. Von Zeit zu Zeit umrühren.

Auf ein leicht gefettetes Tablett oder einen großen flachen Teller (20 × 30 cm) geben. Den Reis mit einem Pfannenwender flach drücken und etwa 15 Minuten abkühlen lassen. *Kiri bath* wird traditionell in rautenförmige oder rechteckige Schnitten geteilt, die warm oder auch kalt mit einem Löffel *seeni sambol* (siehe Seite 94) oder *lunu miris* (siehe Seite 61) serviert werden.

SEENI SAMBOL

Ergibt 220 Gramm

Ich liebe dieses milde Zwiebel-**sambol*****. Die Süße der karamellisierten Zwiebeln und des Zuckers (*****seeni*****) wird perfekt mit Chili und Gewürzen ausgewogen. Eine der wichtigsten Zutaten ist getrockneter* maldive fish*, der dem ganzen Gericht einen Hauch Salzigkeit und das spezielle singhalesische Aroma verleiht. Thiloma gab mir ein Glas* seeni sambol *für meine Reisen über die Insel mit. Ich habe dann immer an Garküchen am Wegesrand angehalten und mir* pol roti *oder* egg hopper *gekauft und dann unauffällig das Glas aus meiner Tasche gezogen und mir etwas* sambol *darauf geschmiert – es schmeckte einfach himmlisch!***

ZUTATEN

¾ EL *maldive-fish*-Flocken
1½ EL Kokosöl
1 *rampe*-Blatt (10 cm), in 2 cm lange Stücke geschnitten
etwa 30 Curryblätter
1 Zimtstange, in Stücke gebrochen
2 dünne grüne Chilischoten, geputzt und gedrittelt
4 rote Zwiebeln, geschält, halbiert und in dünne Scheiben geschnitten
1 TL Salz
1½ TL gemahlene Kurkuma
1½ TL getrocknetes *sambol*-Gewürz (Asia-Laden) oder getrocknete Chilistücke
1 EL Zucker

ZUBEREITUNG

Die *maldive-fish*-Flocken in einem Mörser (oder einer Gewürzmühle) zu einem groben Pulver zermahlen und beiseitestellen.

In einem kleinen Wok oder einem Topf mit schwerem Boden das Kokosöl bei mittlerer Temperatur erhitzen. Das *rampe*-Blatt, die Curryblätter, die Zimtstange, die Chilischoten, die Zwiebeln und das Salz hinzufügen und 6–8 Minuten braten, bis die Zwiebeln goldgelb und fast karamellisiert sind, regelmäßig umrühren.

Nun Kurkuma, *sambol*-Gewürz und den gemahlenen *maldive fish* sowie den Zucker unterrühren und weitere 3–5 Minuten garen, dabei regelmäßig umrühren, damit die Gewürze nicht am Wok festkleben (bei Bedarf etwas Wasser hinzufügen). Die Zimtstangen herausnehmen und entsorgen. Vor dem Servieren auf Zimmertemperatur abkühlen lassen. Zum Beispiel zu *pol roti* (siehe Seite 125) servieren.

KONDA KAVUM

Ergibt etwa 30 Stück

Konda kavum *sind frittierte Kuchen aus Reismehl, Melassesirup und Gewürzen.* Sie *richtig zu formen, erfordert Übung. Sogar Thiloma musste die* konda-kavum-*Expertin des Ortes holen, um mir die richtige Technik zu zeigen. Die Kuchen müssen oben einen kleinen Knoten haben, der dem Haarknoten der Frauen (*konda*) nachempfunden ist. Mir gelang es nur, wenige Kuchen korrekt herzustellen, aber sie schmeckten alle köstlich, auch wenn die meisten etwas unförmig aussahen.*

ZUTATEN

1½ TL Fenchelsamen
1½ TL Anissamen
2½ TL gemahlener Kardamom
480 g feines rotes Reismehl
110 g Weizenmehl
115 g Streuzucker
1 TL Salz
750 ml Melassesirup
375 ml Kokosöl

ZUBEREITUNG

Die Fenchel- und Anissamen in einer Pfanne mit dickem Boden bei niedriger Temperatur 3 Minuten rösten. Vom Herd nehmen und etwas abkühlen lassen. Die Samen in einem Mörser (oder einer Gewürzmühle) zu einem feinen Pulver zermahlen. Den gemahlenen Kardamom dazugeben.

Das Reismehl und das Weizenmehl in eine große Schüssel sieben, Zucker, Salz und die gemahlenen Gewürze dazugeben und alles verrühren. Langsam 250 ml des Melassesirups einrühren und dann 625 ml warmes Wasser, jeweils in Portionen zu 125 ml, unterrühren. Den restlichen Melassesirup ganz langsam hineingeben und dabei ständig rühren, damit sich alles gut verbindet. Der Teig sollte etwas dicker als Pfannkuchenteig sein. 1 Stunde ruhen lassen.

Das Kokosöl in einem kleinen Wok oder einem Topf mit schwerem Boden auf etwa 180 °C erhitzen (ein hineingegebener Weißbrotwürfel sollte in 15 Sekunden braun werden). Eine kleine Brioche-Form mit Wellenrand (etwa 4 cm Durchmesser) in den Wok stellen, sodass sie völlig vom Öl bedeckt ist. Dann sehr langsam etwa 80 ml Teig in die Form gießen. Dabei mit der anderen Hand ständig löffelweise das heiße Öl auf den Teig geben. Wenn die Spitze des Kuchens gar zu werden beginnt, einen Bratspieß in die Mitte stecken und dann den Spieß langsam drehen und dabei hoch und runter bewegen. Auf diese Weise steigt der noch rohe Teig im Inneren des Kuchens am Spieß nach oben. Den Spieß weiterdrehen und weiter Öl über den Kuchen löffeln. Mit einem flachen Löffel die Außenseiten des Kuchens herunterdrücken, sodass er seine Form erhält. Wenn der Kuchen goldbraun ist, etwa nach 3 Minuten, diesen wenden, sodass er aus der Form fällt und weitere 20 Sekunden frittieren. Mit einem Schaumlöffel herausnehmen und auf Küchenpapier abtropfen lassen. Warm oder kalt servieren.

KOKIS

Ergibt etwa 50 Stück

Diese dünnen, knusprig frittierten Gebäckstücke aus einem Teig aus Reismehl und Kokosmilch haben traditionell die Form eines Rades. Dieses Gericht kommt ursprünglich aus Holland, gilt aber inzwischen als authentisches singhalesisches* sweetmeat*, das oft zu besonderen Gelegenheiten serviert wird. Die* kokis *sind leicht herzustellen. Man braucht aber ein spezielles* kokis*-Eisen, das in singhalesischen Spezialgeschäften erhältlich ist.

ZUTATEN

330 g weißer Mittelkornreis
270 ml Kokoscreme plus etwas extra nach Bedarf
1½ TL gemahlene Kurkuma
2 TL Zucker
1 TL Salz
1 Ei, leicht verschlagen
500 ml Kokosöl zum Frittieren

ZUBEREITUNG

Den Reis waschen und das Wasser abgießen. Dann den feuchten Reis in einer Küchenmaschine bei hoher Geschwindigkeit zu einem groben Mehl zerkleinern. In eine große Schüssel sieben. Dann das Reismehl und eventuell noch nicht zerkleinerten Reis wieder in die Küchenmaschine geben und bei hoher Geschwindigkeit erneut zerkleinern. Noch einmal sieben. Diesen Vorgang weitere zwei- bis dreimal wiederholen, bis der Großteil des Reises zu Mehl geworden ist. Eventuell noch nicht zerkleinerten Reis entfernen.

Das Reismehl in eine Schüssel geben und die Kokoscreme unterrühren. Kurkuma, Zucker und Salz unterrühren. Das Ei dazugeben und umrühren, bis alles gut vermischt ist. Der Teig sollte etwas dicker als ein Pfannkuchenteig sein. Bei Bedarf mehr Kokoscreme hinzufügen.

Das Kokosöl in einem Wok oder einem Topf mit schwerem Boden auf etwa 180 °C erhitzen (ein hineingegebener Weißbrotwürfel sollte in 15 Sekunden braun werden). Das *kokis*-Eisen einige Sekunden in dem heißen Öl erhitzen und dann in den Teig tauchen. Die Oberseite des Eisens sollte nicht mit Teig bedeckt sein, da es ansonsten schwierig wird, die *kokis* zu entfernen. Das Eisen 2–3 Minuten in das heiße Öl tauchen, bis der Teig fast gar ist. Dann das Gebäckstück mit einem metallenen Drahtspieß vorsichtig vom Eisen entfernen. Weitere 2 Minuten frittieren, bis es leicht goldgelb ist. Mit einem Schaumlöffel herausnehmen und auf Küchenpapier abtropfen lassen.

Kokis werden mit verschiedenen anderen Süßigkeiten serviert, aber besonders lecker sind sie mit einer Tasse würzigem Ceylon-Tee (siehe Seite 18). In einem luftdichten Behälter aufbewahren.

ANMERKUNG: Wenn der Teig weniger wird, den Rest in eine kleinere Schüssel geben, damit das Eisen trotzdem noch gut eingetaucht werden kann.

MITTAGESSEN MIT DEN TEEPFLÜCKERINNEN

Mary

Nachdem die Ernte des Morgens abgewogen und verpackt ist, ist es Zeit für das Mittagessen. Jeden Tag sammeln zwei Teepflückerinnen die Essenspakete ein, die von den Müttern der Frauen mit Liebe zubereitet, verpackt und in Beuteln an Bäumen vor ihren Häusern aufgehängt wurden. Die beiden Frauen kehren zurück, schwer tragend an dem Gewicht der vielen Beutel mit Schüsseln von Reis und Curry.

Die Teepflückerinnen nehmen ihre Beutel und sammeln sich in kleinen Gruppen. Eine Gruppe, in der die Frauen fröhlich kichern, erregt meine Aufmerksamkeit. Ich gehe zu ihnen hinüber, während sie ihre Pakete auspacken. Zu meiner großen Überraschung gießen sie offensichtlich Arrak – ein starker Kokosschnaps – in kleine Metalltassen. Eine der Frauen, Mary, bietet mir etwas davon an, aber ich lehne ab und erkläre ihr, dass ich keinen Alkohol trinke. »Haha! Das ist nur Tee!«, lächelt sie verschmitzt, während die anderen Frauen in Gelächter ausbrechen. »Wir bewahren den Tee in alten Arrak-Flaschen auf«, erklärt sie und reicht mir eine Tasse. Der Tee ist warm und hat das bittersüße Aroma von starkem Tee mit viel Zucker.

Mary verteilt einige *roti*, die hervorragend zum Tee passen, einfach köstlich. Mary lässt mich von ihrem *paruppu* (*dal*) probieren, und erzählt mir stolz, dass er mit *elaigova* (einem dickblättrigen Spinat) aus ihrem Garten gekocht ist. Sie wartet auf meine Reaktion. Dann lächelt sie breit, als ich frage, ob ich noch etwas bekommen kann. Der Geschmack ist dezent und leicht erdig und eine willkommene Abwechslung nach den reichhaltigen Currys, die ich in der letzten Zeit gegessen habe.

Mit ihrer Warmherzigkeit und Großzügigkeit gehört Mary zu den Menschen, die einem sofort sympathisch sind. Sie hegt eine große Liebe für das Essen und baut zu Hause ihr eigenes Obst und Gemüse an. Mary arbeitet drei Tage in der Woche als Teepflückerin und versorgt in der übrigen Zeit ihren Garten. Die meisten ihrer Produkte verkauft sie an andere Teepflückerinnen und den Rest im Dorfladen.

Mit singhalesischer Gastfreundschaft und dem Stolz, der der Verarbeitung eigener Produkte entspringt, lädt Mary mich für den nächsten Tag zum Mittagessen zu sich ein. Ich bin tief berührt und fühle mich überwältigt von der Großzügigkeit der Sri Lanker.

Marys Haus besteht aus Lehmziegeln und ist leuchtend blau angestrichen. Es ist das erste in einer Reihe von bunten Häusern in Carlabeck auf *Somerset Estate*, einer 455 Hektar großen Teeplantage, auf der 830 Teepflücker wohnen und arbeiten. Mary lebt hier mit ihrem Mann, ihren vier Töchtern und ihrer alten Schwiegermutter. Im Gegensatz zu den meisten Teepflückern auf der Plantage, die Hindus sind, sind sie tamilische Christen.

Von dem Stück Land hinter ihrem Haus aus hat man einen atemberaubenden Blick auf die Teefelder und die Berge. In ihrem Garten wachsen Avocados, Papayas, Mangos, Bananen, Zimtäpfel, Kaffee und Guave. In geraden Reihen wachsen Kohl und Spinat und hölzerne Spaliere stützen Bohnen, Tomaten und Auberginen. In ihrem Garten wächst fast alles, was Mary zum Kochen braucht. Außerdem hält sie Hühner für die Eier und Ziegen für die Milch.

Gemeinsam ernten wir das Gemüse für das Mittagessen und beginnen dann in der Küche mit der Arbeit. Dieser Raum ist das Zentrum des Hauses: Er ist rustikal und charmant zugleich mit weiß getünchten Wänden, einem mit Holz befeuerten Herd und einem Fenster, durch das man einen riesigen Guave-Baum sieht.

Marys Schwiegermutter Soosaimary, die zu Ehren meines Besuches ihren besten Baumwollsari angezogen hat, beobachtet sehr genau, wie Mary mir zeigt, wie man *elaigova vum paruppu* (Spinat mit Linsen) zubereitet. Als wir die Blätter waschen und zerrupfen, erklärt mir Mary, dass ihr Mann ein *kangani* (Aufseher) auf der Plantage ist und sie beide aus Familien von Plantagenarbeitern stammen. Soosaimary erzählt mir stolz, dass sie 36 Jahre lang Teepflückerin war.

»Dieser Raum ist das Zentrum des Hauses: Er ist rustikal und charmant zugleich mit weiß getünchten Wänden, einem mit Holz befeuerten Herd und einem Fenster, durch das man einen riesigen Guave-Baum sieht.«

Mary nimmt einige frische Eier aus einem Korb und beginnt mit der Zubereitung eines faszinierenden Currys. Sie kocht die Eier, pellt sie und brät sie im Ganzen. Dann werden sie in einem würzigen Tomaten-Kokos-Curry geköchelt. Bei dem Duft läuft mir das Wasser im Mund zusammen und ich muss mich zurückhalten, um nicht schon zu probieren, bevor es fertig ist.

Dann beginnt Mary mit den Vorbereitungen für *muttagova* (gebratener Kohl). Sie verrührt in einem geschwärzten Wok Senfkörner und Bockshornkleesamen, getrocknete Chilischoten, Rampe und Zwiebeln in Kokosöl. Dann fügt sie klein geschnittenen Kohl und Kurkuma hinzu und rührt alles über offenem Feuer.

Im Nebenraum steht ein kleiner Holztisch, an den wir uns zum Essen setzen, umgeben von großen Kochtöpfen und Säcken mit Reis. Wir kommen ins Schwatzen und Soosaimary und Mary erzählen mir vom Leben auf der Plantage. Ihre Geschichten sind faszinierend und das Eier-Curry ausgesprochen köstlich.

DCSL

GEKOCHTES EIER-CURRY

Für 4-6 Personen als Beilage

Dieses Curry ist eines der unvergesslichsten Gerichte, die ich in Sri Lanka gegessen habe. Marys Hühner hatten die Eier am selben Morgen gelegt und zu meiner großen Belustigung bestanden die Hühner darauf, in der Küche herumzuspazieren, während wir kochten.

ZUTATEN

6 Eier
185 ml Kokosöl plus 1 EL extra
½ rote Zwiebel, geschält und in Scheiben geschnitten
2 Knoblauchzehen, geschält und zu einer Paste zermahlen
1–2 dünne grüne Chilischoten, geputzt und gedrittelt
1 *rampe*-Blatt (16 cm), in 2 cm lange Stücke geschnitten
2 kleine bis mittelgroße Strauchtomaten, gewaschen und geachtelt
1 TL Manikes *thuna paha* (siehe Seite 153) (oder geröstetes Currypulver)
1 TL gemahlene Kurkuma
1 TL Chilipulver
1 TL Salz, in 1 TL warmem Wasser aufgelöst
¾ TL schwarze Senfkörner
¾ TL Bockshornkleesamen
250 ml Kokoscreme
Salz, nach Geschmack

ZUBEREITUNG

Die Eier 10–12 Minuten kochen, bis sie hart sind, das Wasser abgießen und die Eier abschrecken. Pellen und jedes Ei zwei- oder dreimal mit einer Gabel einstechen.

Das Kokosöl in einem kleinen Wok bei mittlerer Temperatur erhitzen und die Eier darin braten. Von Zeit zu Zeit das Öl mit einem Löffel über die Eier geben und sie drehen, damit sie von allen Seiten gold- bis dunkelgelb werden. Mit einem Schaumlöffel herausnehmen und auf Küchenpapier abtropfen lassen. Das übrig gebliebene Öl abgießen und wieder auf den Herd stellen.

Das zusätzliche Kokosöl im Wok bei mittlerer Temperatur erhitzen. Zwiebel, Knoblauchpaste, Chilischoten, *rampe*-Blatt und Tomaten hineingeben. Gut umrühren und 5 Minuten garen, bis die Zwiebeln weich sind. Dann das *thuna paha*, beziehungsweise Currypulver, die Kurkuma, das Chilipulver, das Salzwasser, die Senfkörner und die Bockshornkleesamen hinzufügen. Gut umrühren und 2 Minuten garen. Die Kokoscreme in den Wok gießen und umrühren, damit sich alles gut verbindet. Dann die Eier hineingeben. Bis kurz vor dem Siedepunkt erhitzen, dann die Temperatur verringern und 10 Minuten köcheln lassen. Von Zeit zu Zeit umrühren. Bei Bedarf mit Salz abschmecken. Mit einem Hauptcurry und Reis oder *pol roti* (siehe Seite 125) servieren.

SPINAT MIT DAL

Für 4 Personen

Für dieses Gericht verwendet Mary eine* elaigova *genannte Spinatart, die sie frisch aus ihrem Garten holt. Die Blätter sind relativ dick und ähneln dem Zehrwurz. Während meiner Reise durch Sri Lanka habe ich so viele extravagante Gerichte gegessen, dass ich oft auch Appetit auf etwas Einfaches wie dieses Gericht hatte. Immer wenn ich meine Gastgeber gebeten habe,* paruppu (dal) *und* pol roti *ohne alles für mich zu kochen, waren sie sehr verwundert, denn dies gilt als Arbeiteressen – aber ich liebe es.

ZUTATEN

250 g Spinatblätter

150 g *chana dal*, 4 Stunden in Wasser eingeweicht

¾ TL gemahlene Kurkuma

1 EL Kokosöl

1 TL Salz, in 60 ml warmem Wasser aufgelöst

2 Knoblauchzehen, geschält und zu einer Paste gemahlen

1 rote Zwiebel, geschält und in Scheiben geschnitten

2–3 dünne grüne Chilischoten, geputzt und diagonal halbiert

1 *rampe*-Blatt (12 cm), in 3 cm lange Stücke geschnitten

etwa 15 Curryblätter

250 ml Kokoscreme

Salz, nach Geschmack

ZUBEREITUNG

Den Spinat waschen, dann die Stiele in 2 cm lange Stücke schneiden und die Blätter in kleinere Stücke reißen.

Die *dal* abgießen, waschen und wieder das Wasser abgießen. Die *dal* in einen Topf mit 500 ml Wasser und der Kurkuma geben und zum Kochen bringen. Die Temperatur verringern und zugedeckt 30–40 Minuten köcheln lassen, bis die *dal* gar sind und das Wasser absorbiert ist. Dann beiseitestellen.

Das Kokosöl in einem großen Wok bei mittlerer Temperatur erhitzen und den Spinat und das Salzwasser hinzufügen. Knoblauchpaste, Zwiebel, Chilischoten, *rampe*-Blatt und Curryblätter in den Wok geben, alles 5 Minuten garen. Die *dal* unterrühren und 2 Minuten garen. Die Kokoscreme hineingeben und bei niedriger Temperatur weitere 5 Minuten köcheln lassen, regelmäßig umrühren, damit sich die Kokoscreme nicht trennt. Bei Bedarf mit Salz abschmecken. Mit *pol roti* (siehe Seite 125) servieren.

GEBRATENER KOHL

Für 4-6 Personen als Beilage

Die Sri Lanker haben ein Talent, einfache Zutaten in außergewöhnliche Gerichte zu verwandeln. Kohl wird zu einem fantastischen Geschmackserlebnis, wenn er mit Kurkuma, Senfkörnern und Kokosnuss gebraten wird. Vor allem, wenn er nur Minuten vor der Zubereitung gepflückt wird und noch voller Aromen steckt. Mary hat ihren gebratenen Kohl ohne frisch geschabte Kokosnuss zubereitet, denn in ihrer Region gibt es Kokosnüsse nicht so häufig. Man kann aber, kurz bevor das Gericht vom Herd genommen wird, eine Handvoll hinzufügen.

ZUTATEN

1 EL Kokosöl

½ rote Zwiebel, geschält und in dünne Scheiben geschnitten

2 getrocknete lange rote Chilischoten, gehackt

1 *rampe*-Blatt (8 cm), in 2 cm lange Stücke geschnitten

1 TL schwarze Senfkörner

½ TL Bockshornkleesamen

½ Kopf Weißkohl (etwa 600 g), geputzt und sehr fein geschnitten

1 TL gemahlene Kurkuma

Salz, nach Geschmack

ZUBEREITUNG

Kokosöl in einem großen Wok bei mittlerer Temperatur erhitzen. Die Zwiebel, die getrockneten Chilischoten, das *rampe*-Blatt, die Senfkörner und die Bockshornkleesamen hinzufügen und alles 3–5 Minuten braten. Den geschnittenen Kohl und die Kurkuma hinzufügen und alles gut verrühren. Die Temperatur etwas erhöhen und 4 Minuten weiterbraten, von Zeit zu Zeit umrühren.

Dann 2 EL Wasser hineingeben, gut umrühren und weitere 3 Minuten garen, bis der Kohl weich ist. Bei Bedarf mit Salz abschmecken. Mit einem Hauptcurry servieren.

DER OSTEN
Ländlich & küstennah

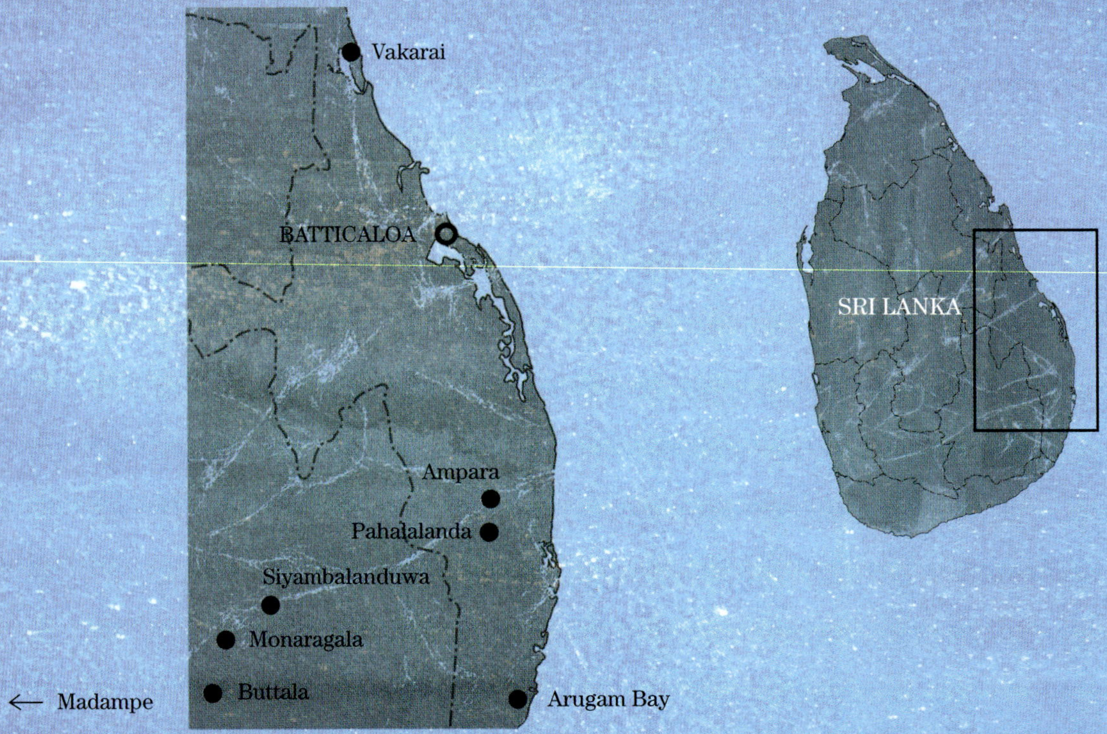

Der Osten Sri Lankas hat einige der beeindruckendsten Strände, Lagunen und üppigen tropischen Landschaften des Landes. Die meisten Gebiete dieser Region standen unter der Kontrolle der Tamilischen Tiger (LTTE), sind aber inzwischen keine verbotenen Zonen mehr, sodass auch Touristen jetzt die Möglichkeit haben, dieses unberührte Paradies zu entdecken.

Die ortsansässige Bevölkerung ist noch immer von den früheren Konflikten gezeichnet, zeigt aber Reisenden gegenüber eine wunderbare Gastfreundschaft. Viele Städte tragen die Wunden des Bürgerkriegs und einige sehen auf den ersten Blick immer noch aus, als würden sie sich in einem Belagerungszustand befinden. Wer aber einige Tage dort verbringt, merkt schnell, dass es große Veränderungen gibt und sich ein starkes Gefühl der Hoffnung entwickelt.

Die Menschen im Osten Sri Lankas gehören zu den ärmsten im Land und verdienen ihren Lebensunterhalt vor allem mit Landwirtschaft und Fischerei. Obwohl sie sich viele Zutaten nicht leisten können, haben sie doch köstliche Rezepte und ganz eigene Zubereitungsmethoden entwickelt.

KOCHEN MIT DEN INSASSEN

Das Monaragala-Gefängnis

Ich wache auf, als wir auf unserer siebenstündigen Fahrt von Colombo nach Monaragala durch eine Reihe von Schlaglöchern donnern. Die Sonne geht gerade auf und gibt den Blick auf Reisfelder frei, die sich bis zu den dschungelbewachsenen Bergen erstrecken. Wir befinden uns im Herzen Sri Lankas, in der Stadt Madampe. Mit noch verschlafenen Augen sehe ich am Straßenrand etwas, das wie ein Fischmarkt aussieht – wir befinden uns allerdings 100 km von der Küste entfernt! Auf wackeligen Holztischen, die in langen Reihen entlang der Straße stehen, liegen riesige Berge von Fisch. Wir legen eine Pause ein, um uns die Beine zu vertreten, und ich schaue mir die Sache näher an.

Als ich aus dem Auto steige, schlägt mir ein beißender Geruch von schwitzenden Meeresfrüchten und abgestandenem Eis entgegen. Männer hasten am Straßenrand entlang und tragen Körbe mit Fisch und Eis. Die Leute verhandeln laut über den Kaufpreis, während Verkäufer mit Macheten den Fisch ausweiden und zerschneiden. Von einem der Händler namens Nimal erfahre ich, dass der meiste Fisch aus Tagalle, einer Stadt an der Südküste, stammt. Ein normaler Arbeitstag beginnt für Nimal um Mitternacht, wenn er auf den Fischmarkt von Tagalle fährt, um seine Meeresfrüchte zu kaufen. Um 3:30 Uhr baut er dann seinen Stand hier auf. Heute ist der meist gekaufte Fisch *balaya* (Echter Bonito) und 22 kg davon sind für das Monaragala-Gefängnis reserviert.

Als ich Anfang des Jahres in diesem Gefängnis war, um Fotos für die *MJF Charitable Foundation* zu machen, habe ich dort die besten *pol roti* gegessen. Heute kehre ich in das Monaragala-Gefängnis zurück, um dort mit den Insassen zu kochen und das Geheimnis ihrer fantastischen *roti* kennenzulernen. Als wir ankommen, werden wir durch die großen grauen Gefängnistore geleitet und zum Büro des Gefängnisdirektors geführt. Nach einer Tasse Tee mit dem Gefängnisdirektor und einem Sozialarbeiter bringt man mich über den Hof zur Küche. Die ist noch genau so, wie ich sie in Erinnerung habe: ein schmaler Raum, in dem der Fisch zubereitet wird, und dahinter ein weiterer Raum mit einem offenen Feuer, über dem große Kessel hängen, in denen aromatische Currys vor sich hin köcheln.

Vor der Küche sitzt eine Gruppe Gefangener mit untergeschlagenen Beinen auf dem Boden und hackt große Bündel von Blattgemüse klein. Dazu verwenden sie Streifen aus Zinn, die eher wie Gefängniswaffen als wie Küchenmesser aussehen. Die Gefangenen amüsieren sich über meine Anwesenheit und meinen Eifer. Ich könnte fast vergessen, dass ich mich in einem Gefängnis befinde, wäre da nicht der riesige Häftling, der mir als Bodyguard zur Seite gestellt wurde. Viele der 400 Häftlinge im Monaragala-Gefängnis verbüßen dort eine Strafe für Drogendelikte. Gayan Dissanayake, der Sozialarbeiter des Gefängnisses, erklärt mir, dass viele dieser jungen Männer so arm sind, dass sie sich für den Drogenschmuggel haben anwerben lassen, einfach, um zu überleben. Andere sind drogenabhängig. »Leider kehren die meisten von ihnen nach ihrer Entlassung wieder in das gleiche Umfeld und dieselben Umstände zurück und werden wieder rückfällig«, berichtet er. »Alkoholmissbrauch ist ebenfalls ein großes Problem in dieser Region, insbesondere in abgelegenen Dörfern.« Ein junger Häftling erzählt mir seine Geschichte, während er dabei in einen Bottich mit Kokoscreme und geröstetem Currypulver starrt: »Ich habe an einem Abend zu viel getrunken und bin in eine Schlägerei geraten. Ich kann mich nicht einmal genau erinnern, was eigentlich passiert ist.« In die marinierten Fischstücke starrend fügt er hinzu: »Meine Familie hat niemandem gesagt, dass ich hier bin.« Die gesenkten Blicke der anderen Gefangenen deuten an, dass ihre Geschichten ähnlich sind. Ich möchte nicht allzu neugierig wirken und bringe daher das Gespräch auf die Zubereitung von *pol roti*.

»Wir bereiten *pol roti* nur zu besonderen Gelegenheiten zu, denn das Mehl ist sehr teuer«, erklärt einer der Männer, der gerade eine Mischung aus Mehl, Zwiebelscheiben, grünen Chilischoten, Curryblättern und Wasser auf einem großen Zinndeckel knetet, der als Küchenbank dient. »Man braucht viel frisch geschabte Kokosnuss für die Struktur, damit die *roti* sich gut brechen lassen. Manche verwenden auch Kokoswasser anstatt normalem Wasser, weil die *roti* dadurch weicher werden.« Er nimmt eine Handvoll Teig und rollt daraus eine kleine Kugel, aus der er eine perfekte flache Platte formt. Ich versuche es ihm nachzutun, erreiche aber nie die richtige Form. Er zeigt mir, wie ich mit den Fingern der einen Hand den Teig auf einer harten Fläche flach drücken und dabei die andere Handfläche zum Erzeugen der runden Form zu Hilfe nehmen kann. Mit dieser Technik lerne ich es schnell. Diese *roti* stellen heute den Häftlingen eine zusätzliche Beilage für ihr Mittagessen. Normalerweise erhält jeder Gefangene eine Portion Reis und Curry, die sorgfältig mit Metalltassen abgemessen werden. Von allen Küchen, die ich in Sri Lanka besucht habe, war dies die erste, in der ich gesehen habe, dass jemand etwas abmisst.

In das Monaragala-Gefängnis kommen ständig rückfällige Häftlinge zurück. Mit der Hilfe eines Teams von engagierten Sozialarbeitern und Gefängnismitarbeitern und mit Unterstützung der MJF-Stiftung soll sich dies aber nun ändern. Die Gefängnismitarbeiter konnten ein erfolgreiches Berufsausbildungsprogramm für die Häftlinge ins Leben rufen. Auch auf Bewährung entlassene Häftlinge erhalten im Rahmen des *Small Entrepreneur Programme* (Kleinunternehmerprogramm) der Initiative *Prison Reform and Reintegrate* Unterstützung durch die Stiftung bei der Gründung eigener Firmen. Dieses Programm ist das erste seiner Art in Sri Lanka und hatte bereits erstaunlichen Erfolg. Dabei erhalten die Häftlinge Unterstützung beim Erlernen eines Berufs, sowie bei der Gründung und Führung einer eigenen Firma. Von den 192 Häftlingen, die seit der Gründung 2007 an diesem Programm teilgenommen haben, ist nur einer rückfällig geworden. Ich möchte gerne mehr darüber erfahren und frage bei der Stiftung nach, ob ich einen dieser Ex-Häftlinge besuchen kann.

BALAYA-FISCH-CURRY

Für 4 Personen

Zu beobachten, wie ein Häftling in einem zerrissenen, schmutzigen Unterhemd einen großen* balaya *(Echter Bonito) mit einer Machete zerteilt, war nicht gerade appetitanregend, aber dies ist ein köstliches Gericht und ich bin froh, dass ich es probiert habe. Es hat eine leichte Bitterkeit durch* kokum *– eine säuerliche, getrocknete Frucht – sowie eine gewisse Schärfe durch die Chilischoten.

ZUTATEN

4 getrocknete *kokum*-Früchte
80 ml kochendes Wasser
500 g Thunfischsteaks
185 ml Kokoscreme
1 rote Zwiebel, geschält und in Scheiben geschnitten
etwa 15 Curryblätter
1 dünne grüne Chilischote, geputzt und längs halbiert
1 *rampe*-Blatt (8 cm), halbiert
1 TL ungeröstetes Chilipulver
1 TL Manikes *thuna paha* (siehe Seite 153)
½ TL frisch gemahlener schwarzer Pfeffer
1 TL Salz
250 ml Kokosmilch

ZUBEREITUNG

Die *kokum*-Früchte 30 Minuten im kochenden Wasser einweichen, das Wasser abgießen und aufheben. Die Samen aus dem *kokum* entfernen und entsorgen, die verbleibenden Früchte grob hacken. Dann in einem Mörser zu einer Paste zermahlen, dabei schrittweise etwas von dem aufgehobenen Wasser zugeben. Den Fisch waschen und in 3 cm große Würfel schneiden. Diese in der *kokum*-Paste und dem restlichen Einweichwasser marinieren, während der nächste Schritt vorbereitet wird.

Die Kokoscreme bei mittlerer Temperatur in einem Tontopf oder einem Topf mit schwerem Boden zum Kochen bringen. Wenn das Öl aus der Kokoscreme austritt (dabei treibt eine dicke Creme an die Oberfläche und bildet einen Ring am Rand des Topfes), Zwiebel, Curryblätter, Chili, *rampe*-Blatt, Chilipulver, *thuna paha*, Pfeffer und Salz hinzufügen. Die Temperatur verringern und 10 Minuten köcheln lassen, von Zeit zu Zeit umrühren.

Die Kokosmilch einrühren und alles erneut zum Kochen bringen, dann wieder die Temperatur verringern und weitere 5–10 Minuten köcheln lassen, bis die Flüssigkeit etwa auf die Hälfte reduziert ist. Den marinierten Fisch hineingeben und alles 5–8 Minuten köcheln lassen, bis der Fisch gar ist. Mit *pol roti* (siehe Seite 125) und Reis servieren.

POL ROTI

Ergibt 6 Stück

Die singhalesischen* roti *sind dicker und härter als die indischen und enthalten in der Regel frisch geschabte Kokosnuss (*pol*) im Teig. Das beste* roti*, das ich je gegessen habe, war das im Monaragala-Gefängnis. Dort fügen die Häftlinge Kokosnuss, grüne Chilischoten, Zwiebeln und Curryblätter zum Teig hinzu. Sie verwenden kein Kokosöl, da dieses zu teuer ist. Allerdings wird es in den meisten Rezepten verwendet, weil es dafür sorgt, dass die* roti *beim Braten nicht festkleben. Daher habe ich auch in diesem Rezept etwas davon verwendet. Außerdem habe ich noch etwas Natron hinzugefügt, das die* roti *etwas lockerer macht.

ZUTATEN

180 g Kokosnuss, frisch geschabt
1 rote Zwiebel, geschält und in dünne Scheiben geschnitten
etwa 60 Curryblätter, gehackt
4 dünne grüne Chilischoten, geputzt und in dünne Scheiben geschnitten
1 TL Salz, in 1 TL warmem Wasser aufgelöst
1 EL Kokosöl plus 2 EL extra
500 g Weizenmehl
1 TL Natron

ZUBEREITUNG

Das Kokosnussfleisch zusammen mit der Zwiebel, den Curryblättern, den Chilischoten, dem Salzwasser und dem Kokosöl in eine Schüssel geben und alles gut mit den Händen vermischen. Mehl und Natron hinzufügen und nach und nach 185 ml Wasser unterheben. Zu einem geschmeidigen Teig verkneten.

Den Teig zu einer großen, glatten Kugel formen. Ein wenig von dem zusätzlichen Öl darauf streichen, sodass sie nicht austrocknet. Eine Handvoll Teig abnehmen und zu einer glatten Kugel von der Größe eines Tennisballs formen. Mit etwas Öl bestreichen. Ebenso mit dem restlichen Teig verfahren.

Eine *tava* (eine flache gusseiserne *roti*-Pfanne) oder eine Pfanne mit dickem Boden bei mittlerer Temperatur erwärmen. Jeweils eine Teigkugel auf einer leicht geölten Fläche zu einer Platte mit 13 cm Durchmesser und 5 mm Dicke formen. Die Teigplatte auf die heiße *tava* oder in die Pfanne legen und mit den Fingerspitzen auf etwa 15 cm Durchmesser breitdrücken. 3–4 Minuten braten, bis sie Farbe annimmt. Dann wenden und weitere 3–4 Minuten auf der anderen Seite braten, bis sie leicht goldbraun und knusprig ist. Mit *seeni sambol* (siehe Seite 94), *lunu miris* (siehe Seite 61) oder einem anderen dicken Curry servieren.

EP VE-0576

BITTERSÜSS
Samantha & Naleeka

Das ist unsere erste Ernte«, erklärt er stolz, während er die Ananasstängel mit einer Machete abschlägt und dann die Früchte mit den Händen abbricht. »Wir freuen uns riesig, denn wir hätten nicht gedacht, dass wir Ananas anbauen können.« Samantha mit seinem ansteckenden Lächeln und den warmen Augen ist Vorsitzender einer lokalen Organisation, die im Dorf Pahalalanda in Ampara Ananas und Orangen anbaut.

Dem Ex-Häftling Samantha ist es gelungen, sein Leben mithilfe des Kleinunternehmerprogramms der *MJF Charitable Foundation* neu zu ordnen. Er war wegen bewaffneten Raubüberfalls nach einer durchzechten Nacht zu vier Jahren Gefängnis verurteilt worden. »Ich hatte das Gefühl, mein Leben sei zu Ende«, erzählt er. »Ich war ein Soldat, der kriminell geworden war. Was für eine Hoffnung hatte ich da noch?« Im Gefängnis hat Samantha schneidern gelernt und als er 2008 entlassen wurde, gründete er seine eigene Schneiderei. »Die Leute begannen mir wieder zu vertrauen. Ich fühlte mich wie neu geboren.« Als seine Eltern ihm dann seine zukünftige Braut, Naleeka, vorstellten, war er überrascht, dass es die Frau war, auf die er bereits vor seiner Verhaftung ein Auge geworfen hatte. Heute leben die beiden mit ihrer sechs Monate alten Tochter in einem kleinen Lehmhaus am Fluss. Seine einfache, aber gut ausgestattete Schneiderei befindet sich an der Straße vor dem Haus mit einem fantastischen Ausblick auf die umliegenden Felder.

Früher war diese Gegend berühmt für den Anbau von *bibile*-Orangen, einer süßen einheimischen Orangenart mit dicker grüner Schale. Die Orangenplantage wurde jedoch vor 50 Jahren aufgegeben. 2010 trat dann die Stiftung mit der Idee an das Dorf heran, die Plantage zu rekultivieren. So wurde eine lokale Organisation gegründet, um ein Projekt mit dem Namen *Gemi Aruna* (*Wiedergeburt* oder *Verjüngung des Dorfes*) zu initiieren, und Samantha wurde zum Vorsitzenden gewählt. An dem Tag, an dem die Orangensetzlinge gepflanzt wurden, entdeckte Samanthas Frau, dass sie schwanger war, und als ihre Tochter dann geboren wurde, erhielt sie den Spitznamen *dodam pelei* – Orangenpflanze. »Das Orangenprojekt ist nicht nur ein Segen für unsere Familie, sondern hat auch Leben in das ganze Dorf gebracht«, berichtet Naleeka mir stolz.

Die Orangen werden erst in einigen Jahren erntereif sein, aber sie haben auch Ananas gepflanzt, die schneller wachsen. Heute können sie 25.000 Stück ernten und auf dem Dorfmarkt verkaufen. Stolz hält Naleeka die erste Ananas hoch und sagt: »Heute mache ich Ananascurry zum Mittagessen.« Dann bittet sie mich herein. Ihre kleine Küche ist einfach und bezaubernd. In einer Ecke ist ein offenes Feuer und

daneben bietet ein kleines Fenster einen Blick auf den Garten. Naleeka beginnt damit, die Ananas zu schälen und in Stücke zu schneiden. Diese legt sie in eine Schüssel und fügt Knoblauchstifte und Zwiebelscheiben hinzu sowie frische Curry- und *rampe*-Blätter. Ich bin überrascht, dass sie bisher noch nie ein Ananascurry gemacht hat. »Ich denke mir das Rezept beim Kochen aus«, sagt sie mit einem Lächeln.

Naleeka geht ihre Gläser mit Gewürzen durch und wählt schließlich schwarze Senfsamen, die sie in einen *thaachchiya* (Wok) gibt und über dem offenen Feuer röstet, bis sie aufspringen. Auf einer schweren Steinplatte zerstößt sie die Samen zu einem Pulver und mischt dieses mit frischer Kokoscreme. Diese gießt sie über die Ananas, fügt noch einige Gewürze hinzu und stellt alles zurück aufs Feuer. Schon bald ist das Curry heiß und verbreitet einen berauschenden Geruch – zum Glück dauert es nicht mehr lange bis zum Essen. Mittags werden Stühle nach draußen gestellt und wir sitzen im Garten und genießen Ananascurry und roten Reis aus kleinen Schüsseln. Das Curry übertrifft alle meine Erwartungen. Ich bin eigentlich kein Fan von gekochter Ananas, aber dieses Curry ist einfach lecker – nicht zu süß und mit einem wunderbaren Aroma von den gerösteten Gewürzen.

Ich bin sehr beeindruckt von der Großzügigkeit dieser Familie und begeistert, als mich Naleeka zum Abendessen in das Haus ihrer Mutter einlädt. Es gibt Ziegencurry, eine Spezialität der Ampara-Region.

AMPARA ZIEGEN-CURRY

Für 4 Personen als Beilage

Die Region Ampara ist berühmt für ihr Ziegenfleisch. Als Familienoberhaupt ist Naleekas Vater zuständig für das Zerteilen der Ziege. Bei der Zubereitung wurden auch Leber und Herz sowie die Knochen verwendet. Obwohl ich normalerweise keine Innereien esse, sind deren Geschmack und das Aroma so köstlich, dass ich das Gericht einfach nur genieße.

ZUTATEN

1 kg Ziegenkeule mit Knochen (oder Lammkeule)

1 TL ungeröstetes Chilipulver

6 grüne Kardamomkapseln

3 Gewürznelken

1 TL Manikes *thuna paha* (siehe Seite 153)

1 *rampe*-Blatt (12 cm), in 4 cm lange Stücke geschnitten

etwa 15 Curryblätter

2 Zimtstangen, in Drittel gebrochen

½ TL frisch gemahlener schwarzer Pfeffer

1 TL Salz, in 1 TL warmem Wasser aufgelöst

3 Knoblauchzehen, geschält und zu einer Paste gemahlen

1 Stk. Ingwer (3 cm), geschält und zu einer Paste gemahlen

2 EL neutrales Pflanzenöl

ZUBEREITUNG

Die Ziegenkeule durch den Knochen in 2,5 cm dicke Scheiben schneiden, dann in etwa 5–6 cm dicke Stücke zerteilen (Sie können auch Ihren Fleischer darum bitten). Das Fleisch beiseitestellen.

In einer kleinen Pfanne mit schwerem Boden das Chilipulver bei niedriger Temperatur 1 Minute rösten, dann in eine große Schüssel geben. Die Kardamomkapseln und die Gewürznelken 2 Minuten rösten und in einem Mörser (oder einer Gewürzmühle) zu einem feinen Pulver zermahlen. Dieses in die Schüssel mit dem Chilipulver geben, dann *thuna paha*, *rampe*-Blatt und Curryblätter, Zimtstangen, Pfeffer, Salzwasser, Knoblauchpaste und Ingwerpaste dazugeben und alles gut verrühren. Das Ziegenfleisch ebenfalls in die Schüssel geben und die Gewürze mit den Händen in das Fleisch einreiben. 30 Minuten bei Zimmertemperatur marinieren lassen.

In einem Tontopf oder Wok das Öl bei hoher Temperatur erhitzen. Das Ziegenfleisch hineingeben und 3–4 Minuten erhitzen. Dann wenden und weitere 3–4 Minuten braten, bis das Fleisch gebräunt ist. So viel Wasser hinzufügen, dass das Fleisch bedeckt ist (etwa 750 ml), und zum Kochen bringen. Die Temperatur verringern und zugedeckt 30 Minuten köcheln lassen. Den Deckel abnehmen und weitere 1½ Stunden köcheln lassen, von Zeit zu Zeit umrühren, bis die Flüssigkeit auf die Hälfte reduziert und das Fleisch weich ist. Mit Reis zu einem Hauptcurry servieren.

ANANAS-CURRY

Für 4-6 Personen als Beilage

Ich mochte eigentlich nie Gerichte mit gekochter Ananas, aber dieses Curry, das Naleeka aus der ersten Ananas ihrer Ernte kreiert hat, hat mich eines Besseren belehrt – es war einfach köstlich. Wir haben auch mit schwarzem Pfeffer und Salz bestreute frische Ananasscheiben gegessen – das hört sich zwar etwas seltsam an, ist aber eine sensationelle Kombination und sehr erfrischend bei heißen Temperaturen.

ZUTATEN

2 kleine Ananas, geschält
½ rote Zwiebel, geschält und in Scheiben geschnitten
15 Curryblätter
1 *rampe*-Blatt (12 cm), in 3 cm lange Stücke geschnitten
1 Knoblauchzehe, geschält und fein gehackt
1 TL schwarze Senfkörner
125 ml Kokoscreme
1 TL ungeröstetes Chilipulver
¼ TL gemahlene Kurkuma
1 TL Manikes *thuna paha* (siehe Seite 153)
250 ml Kokosmilch
Salz, nach Geschmack

ZUBEREITUNG

Die Ananas längs vierteln, in 2 cm dicke Stücke schneiden und in eine Schüssel legen. Zwiebel, Curryblätter, *rampe*-Blatt und Knoblauch hinzufügen und beiseitestellen.

In einer kleinen Pfanne mit schwerem Boden die Senfkörner bei mittlerer Temperatur 2–3 Minuten rösten. Leicht abkühlen lassen und in einem Mörser (oder einer Gewürzmühle) zu einem feinen Pulver zermahlen. Das Pulver in die Kokoscreme einrühren und beiseitestellen.

Das Chilipulver bei mittlerer Temperatur 2–3 Minuten rösten, bis es duftet und eine dunkle Farbe hat. Zusammen mit Kurkuma und *thuna paha* zu den Ananasstücken hinzufügen und alles miteinander vermischen. In den Wok geben und die Kokosmilch zugießen. Bei mittlerer Temperatur unter regelmäßigem Rühren 15 Minuten kochen, bis die Ananas weich sind. Kokoscreme und Senf hinzufügen und weitere 3 Minuten köcheln lassen, regelmäßig umrühren, damit sich die Kokoscreme nicht trennt. Mit Salz abschmecken. Mit Reis und zu einem Hauptcurry servieren.

Lumala
ORIGINAL

DAS SÜSSE LEBEN

Sumith

Bring mir bitte unbedingt ein paar Milchtoffees mit«, sagt meine Freundin Sumithra, als sie erfährt, dass ich nach Hulandawa, in der Nähe von Monaragala fahre. Ich habe Sumiths Milchtoffees das erste Mal bei meinem letzten Besuch in Sri Lanka gegessen, und ich habe noch niemanden gefunden, der bessere Milchtoffees macht. Diesmal werde ich das Geheimnis lüften, warum sie so gut schmecken.

Sumith, ein bescheidener Mann mit sanfter Stimme, begrüßt mich mit »*Ayubowan!*« (Willkommen!), als er die Tür zu seiner Fabrik öffnet. Es ist wie eine Zeitreise in die Vergangenheit: Große Kessel mit Milch und Zucker für die Toffees hängen über Holzfeuern, auf einem Tisch daneben stehen Glasflaschen zum Ausrollen des Teigs für die *chili bites*, der dann mit alten Flaschenverschlüssen ausgestochen wird. Rohini, Sumiths Ehefrau, kommt herein mit einem Tablett mit heißem Milchtee in der einen Hand und einem Teller mit Milchtoffees in der anderen. Mit einem freundlichen Lächeln signalisiert sie mir, an dem Holztisch Platz zu nehmen, auf dem eine Gruppe Frauen Teig ausrollt. Die Frauen begrüßen mich mit einem Lächeln und einem leichten Beugen des Kopfes. Sie schwatzen leise miteinander und fahren zielstrebig mit ihrer Arbeit fort.

Ich nehme einen Schluck von dem süßen Milchtee und stecke mir ein Stück Toffee in den Mund. Es löst sich langsam im Mund auf und entfaltet ein betörendes Karamellaroma mit einem Hauch Vanille und einer leichten Rauchnote vom Kochen über offenem Feuer. Ich nehme mir noch ein Stück und murmele höflich: »*Rasai isthuti*«, was bedeutet: »Köstlich, vielen Dank«. Bevor ich das Stück aufessen kann, das ich im Mund habe, reicht Rohini mir erneut den Teller. »*Thawa chuttak?*«, (Noch ein bisschen?). Wie könnte ich da Nein sagen? Es ist ja schließlich das Rezept ihrer Mutter. Ursprünglich hatte Sumith in der Küche seines Hauses mit der Produktion von Joghurt begonnen. 1998 gingen aber die Geschäfte schlecht wegen eines Choleraausbruchs, durch den die Milchversorgung in der Stadt kontaminiert wurde. Da brauchte er ein Rezept, bei dem er gekochte Milch verwenden konnte, um die Keime abzutöten. Rohini schlug vor, die Milchtoffees ihrer Mutter herzustellen und brachte ihm die Zubereitung bei.

Durch eine offene Tür kann ich eine junge Frau in einem blassblauen Kleid sehen, die neben einem über einem Feuer hängenden riesigen Kessel sitzt. Obwohl ihr der Schweiß über das Gesicht rinnt, rührt sie unbeeindruckt von der Hitze mit einer großen Schaufel in dem Kessel. Ich gehe zu ihr hinüber und erfahre, dass sie die Milch für die nächste Portion Toffees kocht. Neben ihr steht eine Frau über einen *thaachchiya* (Wok) gebeugt, in dem die Toffeemasse gerade zu karamellisieren beginnt. Ich bin wie hypnotisiert von dem rhythmischen Rühren in der Masse und hebe nur den Blick, als sie die Toffeemasse vom Feuer nimmt, um den Vanilleextrakt unterzurühren. Durch die Hitze wird das Vanillearoma sofort intensiviert.

Die Milchtoffees gehören zu den Bestsellern von Sumith, und 5 Rupien für ein Stück kann man sich leisten. Das Geheimnis ist laut Sumith »Milch von hoher Qualität. Da gehen wir keine Kompromisse ein.« Er bezahlt seinen Milchlieferanten pro Liter sogar 5 Rupien mehr als der übliche Marktpreis. Mit seinem Unternehmergeist und seiner Zielstrebigkeit ist es keine Überraschung, dass die MJF-Stiftung auf ihn aufmerksam wurde. Vor einigen Jahren hat die Stiftung im Rahmen ihres Kleinunternehmerprogramms Sumith mit einem Dreiradtransporter unterstützt, sodass er für seine Lieferungen nicht mehr auf den nur sporadisch fahrenden örtlichen Bus angewiesen war. Von der Stiftung erhielt er 50.000 Rupien für die erste Anzahlung. Den Rest zahlte er dann in monatlichen Raten. Stolz erzählt er mir: »Letztes Jahr habe ich alles abbezahlt.« Ich erfahre, dass die Unterstützung durch die Stiftung an Bedingungen geknüpft ist. Sumith muss jeden Monat 10.000 Rupien für die Weiterentwicklung seiner Firma sparen. Außerdem muss er in seinem Umfeld einen geeigneten Kandidaten finden, den er dann genauso unterstützt, wie die Stiftung ihn unterstützt hat.

Unter den Dutzend Arbeiterinnen in Sumiths Fabrik gibt es eine Frau, deren ansteckendes Lachen und herzerfrischende Art mein Interesse geweckt hat. Ihr Name ist Pushpadevi. Während sie den Teig für die *chili bites* ausrollt, erzählt sie mir ihre Geschichte. Sie ist Tamilin und kommt aus einem benachbarten Dorf. Sie heiratete mit 18 Jahren und hat zwei kleine Kinder. Gegen Ende des Krieges wurde ihr Mann vermisst und das bis heute. »Ich habe alles versucht, um ihn zu finden. Ich weiß nicht, ob ich weiter hoffen oder aufgeben soll«, sagt sie leise. Obwohl dies für Pushpadevi sehr schmerzhaft ist, hat sie gelernt, aus der Situation das Beste zu machen. Sie steht auf und schüttelt sich das Mehl von den Händen. »Komm, es ist Zeit, die *chili bites* zu frittieren.«

Die anderen haben bereits im hinteren Teil des Raumes Öl in einem riesigen *thaachchiya* erhitzt. Es faucht und zischt, als eine der Frauen eine große Menge halbmondförmiger Teigstücke in das Öl wirft. Innerhalb weniger Sekunden sind sie aufgebläht und goldgelb. Sie holt die fertigen Gebäckstücke heraus und legt sie auf ein Stück Karton. Nachdem sie etwas abgekühlt sind, wendet sie sie in Salz und Chili mit ein wenig *ajinomoto*. Als sie mir einige *chili bites* anbietet, habe ich zunächst das Gefühl, an den Chilidämpfen fast zu ersticken. Vorsichtig stecke ich mir ein paar in den Mund. Sofort entfaltet sich eine wahre Explosion von Aromen und Texturen: knackig und knusprig mit einem salzigen, würzigen Geschmack, dem ich nicht widerstehen kann.

Während Sumith mir einen Beutel *chili bites* zurechtmacht, unterhalten wir uns über seine Zukunftspläne. Als echter Unternehmer plant Sumith, seine Firma zu erweitern. »Wenn ich bis nächstes Jahr 2 Millionen Rupien sparen kann, kaufe ich mir einen zweiten Transporter und eine Maschine zum Erhitzen der Milch. Außerdem kann ich dann noch weitere 15 Mitarbeiter beschäftigen.« Obwohl ich Sumiths Entschlossenheit bewundere, hoffe ich doch, dass diese bescheidene Fabrik sich nicht allzu sehr verändern wird.

CHILI BITES

Für 8-10 Personen als Snack

Sumiths* chili bites *haben einen hohen Suchtfaktor. Bei mir ging es so weit, dass ich am Tag vor meinem Rückflug Sumith angerufen und 2 kg davon bestellt habe. Der hat sie einfach eingepackt und mit dem nächsten Bus nach Colombo geschickt. 18 Stunden später saß ich im Flugzeug und knabberte seine leckeren Chili Bites.

ZUTATEN

- **635 g Weizenmehl**
- **½ TL Trockenhefe**
- **1½ Knoblauchzehen, geschält und fein gehackt**
- **1/8 TL Zucker**
- **1/8 TL Lebensmittelfarbe Eigelb (alternativ Kurkuma)**
- **750 ml Kokosöl oder neutrales Pflanzenöl**
- **1 TL ungeröstetes Chilipulver**
- **1 TL Salz**
- **1 TL *ajinomoto* (kann weggelassen werden)**

ZUBEREITUNG

Mehl, Hefe, Knoblauch und Zucker in einer großen Schüssel vermischen. Die Lebensmittelfarbe oder die Kurkuma mit 310 ml Wasser vermischen und ebenfalls zu dem Mehl geben. Alles gut verrühren. Falls erforderlich, noch etwas Wasser hinzufügen, um den Teig zusammenzuhalten. Die Schüssel mit Frischhaltefolie abdecken und den Teig 2 Stunden zum Gehen an einen warmen Ort stellen.

Anschließend den Teig auf einer leicht bemehlten Fläche 2 mm dick ausrollen. Mit einem Flaschenverschluss kleine Halbmonde ausstechen. Das Öl in einem Wok oder einem großen Topf auf etwa 170 °C erhitzen (ein hineingegebener Weißbrotwürfel sollte in 20 Sekunden braun werden). Die Teigstücke in mehreren Portionen 3 Minuten frittieren, bis sie luftig, goldgelb und knusprig sind. Mit einem Schaumlöffel herausnehmen, auf Küchenpapier abtropfen und abkühlen lassen.

Chilipulver, Salz und *ajinomoto* (wird kein *ajinomoto* verwendet, zusätzlich 1 TL Salz verwenden) in einen großen Gefrierbeutel füllen, schließen und gut schütteln. Die frittierten Teigstücke dazugeben und so lange schütteln, bis diese gleichmäßig mit der Chili-Mischung bedeckt sind.

ANMERKUNG: Die Lebensmittelfarbe Eigelb (*egg yellow food colour*) ist zwar eine typisch singhalesische Zutat. Aber sie enthält Tartrazin, welches Allergien verursachen und bei Allergikern Hyperaktivität und Asthma auslösen kann! Bei Bedenken ersetzen Sie sie einfach durch Kurkuma.

SUMITHS MILCHTOFFEES

Ergibt 24 Stück

Die Sri Lanker lieben Süßigkeiten und Milchtoffees sind hier sehr beliebt. Die Milchtoffees von Sumith sind die besten, die ich je gegessen habe. Aber Vorsicht: Es ist unmöglich, nur ein einziges Stück davon zu essen. Ich hatte einige Beutel davon als Geschenk für eine Freundin in Colombo gekauft, aber irgendwie haben die sich auf der langen Fahrt zurück in Luft aufgelöst.

ZUTATEN

1 l Vollmilch

600 g Streuzucker

einige Tropfen Vanilleextrakt

ZUBEREITUNG

Ein flaches Backblech von 16×46 cm leicht einfetten und Boden und Seiten mit Backpapier auslegen, dabei etwas überschüssiges Papier über die Seiten hängen lassen.

Milch und Zucker bei mittlerer Temperatur in einem Topf mit schwerem Boden unter ständigem Rühren aufkochen lassen. Die Temperatur verringern und 30–40 Minuten leicht köcheln lassen, bis die Mischung beginnt, dick zu werden und zu karamellisieren. Dabei regelmäßig umrühren. Dann weitere 10–15 Minuten unter ständigem Rühren köcheln lassen. Um zu prüfen, ob die Toffeemasse fertig ist, mit einem Teelöffel einige Tropfen davon in eine Tasse mit Wasser geben, den Toffee herausholen und zwischen den Fingern rollen. Die Masse sollte zu einer kleinen weichen Kugel werden, die nicht an den Fingern klebt.

Wenn die Toffeemasse fertig ist, den Topf vom Herd nehmen und den Vanilleextrakt unterrühren. Auf das vorbereitete Backblech gießen und ein weiteres Stück leicht eingefettetes Backpapier darauflegen. Etwas abkühlen lassen. Der Toffee sollte fest aber noch so biegsam sein, dass er geschnitten werden kann.

Vom Blech herunternehmen, auf eine Arbeitsfläche legen und das obere Stück Papier entfernen. Mit einem kleinen, leicht eingefetteten Messer in Quadrate von 3 cm Seitenlänge schneiden und zum Abkühlen beiseitestellen.

BLEIBENDE EINDRÜCKE

Manike

»Mach einfach deine Augen zu und kippe das Wasser schnell aus«, sagt Manike ermutigend. Ich versuche nicht daran zu denken, wie trübe es ist. Mit ein bisschen zu viel Schwung kippe ich den Eimer Wasser über mir aus. Dabei verliere ich das Gleichgewicht und fast auch meinen Sarong. Manike kann sich das Lachen nicht verkneifen. So kompliziert ist also das Baden an einem Brunnen.

Die Einladung zum Besuch bei Manikes Familie, die in einem abgelegenen Dorf lebt, kam fast am Ende meiner einmonatigen Reise durch Sri Lanka. Ich hatte keine Lust mehr auf Hotels und so nutzte ich die Chance zu einem authentischen Aufenthalt. Manike lebt mit ihrer Familie in einer Lehmhütte in Siyambalanduwa, einem der ärmsten Dörfer im östlichen Sri Lanka, das vorwiegend von buddhistischen singhalesischen Bauern bewohnt wird.

Es ist schon fast dunkel, als wir uns auf den Weg zurück zu Manikes Hütte begeben, die versteckt zwischen Papaya-, Jackfrucht-, Kokos- und Granatapfelbäumen steht. Ich folge Manike in die Küche. Sie ist dunkel, aber einladend und mit allem Wesentlichen ausgestattet: Öllampe, Holzofen, Tontöpfe, Steinplatte zum Mahlen von Gewürzen, Reisbeutel, eine Vielzahl von Gewürzen. Manike ist eine kleine, starke Frau mit wettergebräunten Händen und einem verschmitzten Lächeln. Sie zündet eine Öllampe an und erzählt mir: »Eigentlich hatten wir Solarstrom, aber die Anlage funktioniert nicht mehr.« Sie haben einige schwierige Jahre hinter sich: Sie mussten ihren einzigen Bullen für ein neues Stück Land zum Anbau ihres Gemüses verkaufen. »Wir mussten erst mal 20 Tage lang den Dschungel roden, bevor wir etwas anbauen konnten«, erzählt Manike.

Manikes 17-jährige Tochter Jeevamali erscheint am Eingang mit zwei Kannen Wasser, die sie auf den Hüften balanciert. Sie stellt das Wasser auf den Tisch und geht dann, um etwas für die Schule zu tun. Während wir das Gemüse waschen, unterhalten Manike und ich uns über ihre Töchter. Jeevamali möchte Ärztin werden. Manikes älteste Tochter, Nimali, ist 19 und wohnt zurzeit bei ihrer Tante, die ihr das Nähen beibringt. Sie sind bemüht, einen guten buddhistischen Ehemann für sie zu finden. Manike und ihr Mann haben ein kleines Stück Land mit Kokospalmen, das sie ihrer Tochter als Mitgift mitgeben wollen. Sachini, die zweitjüngste Tochter, ist elf Jahre und möchte unbedingt Kunstlehrerin werden. »Sie verbringt jeden Abend Stunden damit zu malen «, berichtet Manike. Ihre jüngste Tochter, Vihangi, ist sieben und hilft gerne in der Küche.

Manike könnte den ganzen Abend lang so reden, aber sie möchte auch das Essen kochen. Sie schneidet die Auberginen (*brinjal*) in Scheiben, die sie mit Kurkuma und Salz bestreut. »Ich hoffe, du magst *brinjal moju«*, sagt sie. Ich war mit einem Beutel voller *brinjals* zu Manike gekommen und hatte sie gebeten, mir unbedingt zu zeigen, wie man daraus die karamellisierten Auberginen-Pickles zubereitet. »Das Geheimnis besteht im Gleichgewicht zwischen süß und sauer«, sagt Manike, während sie einen Tontopf vom Regal nimmt. Während das *brinjal moju* vor sich hin kocht, kommt Manikes Mann Indrawansa herein. Er ist schweißgebadet und hat die Arme voll mit Okra und Kürbissen. »Der Mais dürfte nächsten Monat reif sein, falls die Ratten ihn nicht auffressen«, berichtet er. In den kommenden Monaten wird Indrawansa seine Nächte in einer Hütte in der Mitte des Feldes verbringen und aufpassen, dass die Tiere den Mais nicht vernichten. »Ich werde ihn jeden Tag besuchen und ihm etwas zu essen bringen«, sagt Manike. Da ich weiß, dass ihr Stück Land 2 Stunden Motorradfahrt von ihrem Haus entfernt liegt, kann ich mir nicht vorstellen, wie Manike Zeit dafür findet.

Schon bald stehen jede Menge lecker aussehende Gerichte in der Küche: *brinjal moju*, Okra-Curry, Kürbiscurry, *paruppu* (*dal*), *gotu kola* (singhalesisches Taboulé), *papadam*-Stücke und roter Reis. Manike füllt so viel es irgend geht auf meinen Teller, gibt dann ihrem Mann zu essen und arbeitet weiter in der Küche. Ich esse mich durch

die Currys auf meinem Teller, deren Aromen sich miteinander vereinen. Nachdem wir alle gegessen haben, nimmt sich Manike selbst etwas zu essen und setzt sich hin.

Gerade als sie mit dem Essen begonnen hat, klopft es an der Tür. Es ist einer der Bauern aus dem Dorf, der sein Auge bei einem Unfall verletzt hat. Manike ist Medizinfrau und hat schon vielen mit ayurvedischen Mitteln geholfen, deren Herstellung sie von ihrem Vater gelernt hat. Die meisten Heilmittel stammen von Pflanzen, die sie in ihrem Garten anbaut. Sie nimmt kein Geld für ihre Behandlungen, denn sie ist überzeugt davon, dass Wissen ein Geschenk ist, das kostenlos mit anderen geteilt werden sollte.

Als sich der Abend dem Ende zuneigt, ist es Zeit, schlafen zu gehen. Jeevamali hat mir netterweise ihr kleines Zimmer zur Verfügung gestellt. Völlig erschöpft lasse ich mich auf das Bett fallen und spüre, wie mein Körper dumpf aufschlägt. Das Bett ist einfach nur ein Holzbrett. Gedanklich bereite ich mich schon auf eine schlaflose Nacht vor, aber ich bin so erschöpft, dass ich schnell in einen tiefen Schlaf sinke.

»Manike ist die Medizinfrau des Dorfes und hat schon vielen mit ayurvedischen Heilmitteln geholfen, deren Herstellung sie von ihrem Vater gelernt hat.«

Es ist 4:00 Uhr, als Manike mich weckt. Sie hält eine Öllampe in der einen und eine Tasse Tee in der anderen Hand. Ich stolpere aus dem Bett und treffe auf Jeevamali, die mit einem flachen gusseisernen Bügeleisen die Schuluniformen bügelt. Nach dem Bügeln setzt sie sich hin, um vor Sonnenaufgang noch ein bisschen zu lernen. Dann holt sie Wasser und fegt das Haus. Nachdem die Mädchen in der Schule sind, hat Manike endlich Zeit, sich hinzusetzen. Bei einem Frühstück aus *roti* und übrig gebliebenem Kürbiscurry planen wir unseren Tag. Heute ist Wasch- und Markttag. Aber zuerst einmal zeigt mir Manike, wie man *piti guli* zubereitet, eine Art singhalesischer Donut. »Das ist ein traditionelles Rezept aus unserem Dorf«, erklärt sie mir stolz. »Das findet man nirgendwo anders. Es ist das Lieblingsgebäck meines Mannes.«

Während sie Mehl, Natron und Wasser zu einem klebrigen Teig vermischt, erklärt Manike mir, dass man eigentlich den Teig zunächst 1 Stunde ruhen lassen muss, aber heute ist dafür keine Zeit. Darum fügt sie gleich Zucker und Salz hinzu und dreht und zieht den Teig weiter. Sie nimmt eine Handvoll davon, presst die Faust zusammen und drückt eine Kugel Teig heraus, die sie in kochendes Kokosöl fallen lässt. Ich versuche, es ihr gleichzutun. Aber es ist schwieriger, als es aussieht, und so greift Manike ein, um den restlichen Teig zu retten. Als wir zusammen ein paar *piti guli* essen und dazu eine Tasse würzigen Kaffee aus frisch gerösteten Kaffeebohnen aus ihrem Garten trinken, erzählt Manike mir, wie traurig sie ist, dass ich schon bald wieder wegfahren muss. »Ich habe das Gefühl, eine Tochter zu verlieren«, sagt sie leise. »Aber vielleicht kannst du ja im April wiederkommen, wenn der Kaffee reif ist? Dann kann ich dir das Kaffeerezept meines Vaters zeigen.« Dieses Angebot ist einfach zu gut, als dass ich es ablehnen könnte, und so stimme ich ihr sofort zu. Wir planen gleich meinen nächsten Besuch und ich frage sie, ob ich ihr dann irgendetwas mitbringen soll. Manike, die fast nie um irgendetwas bittet, antwortet: »Ja, bitte. Ein paar BHs.«

MANIKES THUNA PAHA

Ergibt 120 g

***Thuna paha** bedeutet »3 mal 5« auf Singhalesisch und ist eine Gewürzmischung, die in den meisten singhalesischen Küchen zu finden ist. Jede Familie hat ihre eigene spezielle Mischung. Ich habe das gleiche Curry von verschiedenen Familien im ganzen Land gegessen und jedes hat ein wenig anders geschmeckt. Manike bereitet ihre Gewürzmischung auf traditionelle Art und Weise zu, dazu werden die Gewürze einen Tag lang in der Sonne getrocknet und dann auf einer schweren Steinplatte gemahlen. Dieses Gewürz kann im Prinzip für jedes Curry verwendet werden.*

ZUTATEN

- **5 EL Koriandersamen**
- **2½ EL Kreuzkümmelsamen**
- **2½ EL Fenchelsamen**
- **1 *rampe*-Blatt (6 cm)**
- **1 Zweig Curryblätter, mit Stiel**
- **1 Zimtstange, in Stücke gebrochen**

ZUBEREITUNG

Koriander-, Kreuzkümmel- und Fenchelsamen auf ein flaches Tablett oder einen Teller geben. Das *rampe*-Blatt und den Curryzweig auf ein anderes Tablett oder einen Teller legen. Alles einen Tag in der Sonne trocknen lassen. Danach das *rampe*-Blatt in 2 cm lange Stücke brechen. Die Curryblätter vom Stiel pflücken und diesen in 1 cm lange Stücke schneiden.

In einem kleinen Wok oder einer Pfanne mit dickem Boden die Koriander-, Kreuzkümmel- und Fenchelsamen bei sehr hoher Temperatur 3–5 Minuten unter ständigem Rühren rösten, bis sie verführerisch duften. Das *rampe*-Blatt und die Curryblätter, die geschnittenen Stiele und die Zimtstücke hinzufügen. Den Wok sofort vom Herd nehmen, aber weiterrühren, sodass die Curryblätter in der verbleibenden Wärme der Gewürze geröstet werden.

Zum Abkühlen beiseitestellen. Die Gewürze in einem Mörser (oder einer Gewürzmühle) zu einem feinen Pulver zermahlen. In einem luftdichten Behälter ist die Mischung bis zu 2 Monate haltbar.

POLOS AMBULA

Für 6 Personen

Manike bereitet dieses Curry mit jungen* polos *(Jackfrucht) aus ihrem Garten zu. Diese schneidet sie auf, indem sie ein Messer mit der Klinge nach oben zwischen ihre Zehen klemmt und die Polos damit in Stücke schneidet. So schneiden die Frauen traditionell das Gemüse. Eine weitere wichtige Zutat für dieses Gericht ist* kokum, *eine getrocknete säuerliche Frucht, die dem Gericht auch den Namen verleiht:* Ambula *bedeutet auf Singhalesisch* sauer. *Das Curry wird in einem Tontopf gekocht und entwickelt seinen Geschmack erst richtig, wenn es über Nacht gestanden hat.

ZUTATEN

2 TL gemahlene Kurkuma plus 1 TL extra

1 junge grüne Jackfrucht (*polos*) oder 2 Dosen (je 560 g) junge grüne Jackfrüchte, abgegossen und gewaschen

10 kleine purpurrote Asiatische Schalotten, geschält und in dünne Scheiben geschnitten

1 Knoblauchzehe, geschält und fein gehackt

etwa 15 Curryblätter

2 TL Manikes *thuna paha* (siehe Seite 153) (oder geröstetes Currypulver)

1 TL ungeröstetes Chilipulver

½ TL Bockshornkleesamen

1 TL Salz

1 *kokum*

500 ml Kokosmilch

185 ml Kokoscreme

ZUBEREITUNG

Eine große Schüssel mit Wasser füllen, Kurkuma hineinstreuen und umrühren. Wenn eine frische Jackfrucht verwendet wird, die Hände mit Öl einreiben, um sie vor dem klebrigen Gummisaft zu schützen, den die Jackfrucht absondert. Die Frucht halbieren und dann in Viertel schneiden. Den klebrigen Gummi mit einem Stück Papier abreiben. Von jedem Stück die Schale abschneiden. Die Kernmitte herausschneiden und entfernen, das Fruchtfleisch in 2–2,5 cm dicke Stücke schneiden. Um eine Verfärbung zu vermeiden, in die Schüssel mit dem Kurkumawasser legen, mit den Händen umrühren und 2 Minuten stehen lassen, dann abgießen.

Jackfrucht, Schalotten, Knoblauch, Curryblätter, *thuna paha*, Chilipulver, den extra TL Kurkuma, Bockshornkleesamen, Salz und *kokum* in einen Tontopf oder einen Topf mit schwerem Boden geben. Kokosmilch, Kokoscreme und so viel Wasser hinzufügen, dass alle Zutaten bedeckt sind. Zum Kochen bringen, die Temperatur verringern und 30–45 Minuten köcheln lassen, bis das Curry dick zu werden beginnt, von Zeit zu Zeit umrühren. Bei niedriger Temperatur zugedeckt weitere 30–45 Minuten köcheln lassen, bis der größte Teil der Kokosmilch verdampft ist. Vom Herd nehmen, *kokum* entfernen und entsorgen. Mit Reis servieren.

GEBRATENE KARTOFFELN

Für 4 Personen als Beilage

Die meisten Currys in Sri Lanka enthalten Kokosmilch oder Kokoscreme, dieses jedoch nicht. Es ist einfach zuzubereiten und eine perfekte Beilage für jedes Hauptcurry. Wer es nicht ganz so scharf mag, sollte die Menge an Chili reduzieren, da dieses Gericht ansonsten sehr feurig ist.

ZUTATEN

- **500 g festkochende Kartoffeln, geschält und in 2 cm große Würfel geschnitten**
- **1 rote Zwiebel, geschält und in Scheiben geschnitten**
- **etwa 15 Curryblätter**
- **1 TL gemahlene Kurkuma**
- **½ TL Manikes *thuna paha* (siehe Seite 153) (oder geröstetes Currypulver)**
- **¼ TL frisch gemahlener schwarzer Pfeffer**
- **1 TL Salz**
- **2 EL Kokosöl**
- **2 TL getrocknete Chilistücke**

ZUBEREITUNG

Die Kartoffeln, die Zwiebel, die Curryblätter, die Kurkuma, die *thuna paha*, den Pfeffer und das Salz in eine Schüssel geben und vermischen, sodass die Kartoffelstücke gleichmäßig mit den Gewürzen bedeckt sind.

Das Kokosöl in einem Wok bei hoher Temperatur erhitzen. Die getrockneten Chilistücke und die Kartoffelmischung hineingeben und 2 Minuten anbraten, dann die Temperatur verringern und zugedeckt 20 Minuten garen lassen, bis die Kartoffeln weich sind. Von Zeit zu Zeit umrühren, damit die Kartoffeln nicht am Boden des Woks ansetzen. Dabei die Kartoffeln vorsichtig wenden, damit sie nicht auseinanderfallen. Wenn die Kartoffeln goldgelb und gar sind, in eine Schüssel geben. Mit Reis und zu einem Hauptcurry servieren.

BRINJAL MOJU

Für 4 Personen als Beilage

Diese frittierten Auberginen-Pickles waren das Gericht, bei dem ich meine Liebe zur singhalesischen Küche entdeckt habe. Es war mit nichts zu vergleichen, was ich bis dahin gegessen hatte: Die dezente Säure des Kokosessigs, die leichte Süße des Zuckers und die frittierten Auberginen passten einfach fantastisch zusammen. Hier ist das Rezept, das ich von Manike bekommen habe.

ZUTATEN

- **6 lange, dünne hellviolette Auberginen (*brinjal*)**
- **1 TL gemahlene Kurkuma plus ½ TL extra**
- **Salz**
- **etwa 30 Curryblätter, grob gehackt**
- **500 ml Kokosöl**
- **6 kleine purpurrote Asiatische Schalotten, geschält und in dünne Scheiben geschnitten**
- **3 dünne grüne Chilischoten, geputzt und gedrittelt**
- **1 TL schwarze Senfkörner, im Mörser gemahlen**
- **1 Knoblauchzehe, zu einer Paste gemahlen**
- **1 TL ungeröstetes Chilipulver**
- **2 TL Zucker**
- **1 EL Kokosessig (oder Reisessig)**
- **80 ml Kokoscreme**

ZUBEREITUNG

Die Auberginen putzen, waschen, halbieren und dann längs in Viertel schneiden. Zusammen mit der Kurkuma und 1 TL Salz in eine Schüssel geben, schütteln, damit sich die Gewürze gut auf dem Gemüse verteilen. Die Curryblätter hinzufügen und die Schüssel beiseitestellen.

Das Kokosöl in einem kleinen Wok auf etwa 160 °C erhitzen (ein hineingegebener Weißbrotwürfel sollte in 30 Sekunden braun werden). Die Schalotten mit einer Prise Salz mischen und 3 Minuten frittieren, bis sie gold- bis dunkelbraun sind. Mit einem Schaumlöffel herausnehmen und auf Küchenpapier abtropfen lassen. Die Chilischoten 1–2 Minuten frittieren, bis sie goldbraun sind. Herausnehmen und ebenfalls abtropfen lassen. Die Auberginen und Curryblätter in zwei Portionen jeweils 3–4 Minuten frittieren, bis sie goldbraun sind. Aufpassen, dass sie nicht zu weich werden. Herausnehmen und abtropfen lassen.

Die frittierten Auberginen, Schalotten und Chilischoten zusammen in einen Tontopf oder einen Topf mit schwerem Boden geben. Dann die gemahlenen Senfkörner, die Knoblauchpaste, das Chilipulver, den extra TL Kurkuma, 1 TL Salz, Zucker, Kokosessig und Kokoscreme hinzufügen. Bei niedriger Temperatur zugedeckt 5 Minuten köcheln lassen, bis die Kokoscreme verdampft ist. Mit Reis und zu einem Hauptcurry servieren.

OKRA-CURRY

Für 6 Personen als Beilage

Manike hat für dieses Gericht frische Okraschoten und saftige Kirschtomaten verwendet, die auf ihrem kleinen Stück Land wachsen. Ich liebe die Frische und Einfachheit dieses Gerichtes, dessen Geschmack köstlich ist und das nicht zu scharf gewürzt ist. Obwohl sie es als Beilage serviert hat, hätte ich problemlos eine ganze Schüssel davon essen können.

ZUTATEN

380 g große Okraschoten, jeweils etwa 10 cm lang

16 Kirschtomaten, gewaschen und halbiert

6 kleine purpurrote Asiatische Schalotten, geschält und in Scheiben geschnitten

2–3 dünne grüne Chilischoten, geputzt und gedrittelt

etwa 30 Curryblätter

2 TL gemahlene Kurkuma

2 TL Manikes *thuna paha* (siehe Seite 153) (oder geröstetes Currypulver)

2 TL Salz

2 EL Kokosöl

125 ml Kokosmilch

ZUBEREITUNG

Die Okraschoten waschen und die Enden entfernen, dann jede Schote diagonal in drei Stücke schneiden. Zusammen mit Tomaten, Schalotten, Chilischoten, Curryblättern, Kurkuma, *thuna paha* und Salz in eine Schüssel geben. Gut umrühren, sodass die Okrastücke gleichmäßig mit den Gewürzen bedeckt sind.

In einem Tontopf oder einem Topf mit schwerem Boden das Kokosöl bei mittlerer Temperatur erhitzen. Die Okra-Mischung hineingeben und 5 Minuten kochen lassen. Die Kokosmilch hinzufügen und alles zugedeckt bei niedriger Temperatur weitere 10 Minuten kochen lassen, bis die Okraschoten weich sind. Mit Reis zu einem Hauptcurry servieren.

HNB

KÜRBIS-CURRY

Für 4–6 Personen

Dieses dicke, cremige Curry mit zarten Kürbisstücken erhält seinen Geschmack durch die sautierten Zwiebeln, Curryblätter und Senfkörner. Das Sautieren ist eine Zubereitungsart, die in der singhalesischen Küche oft zur Verstärkung des Aromas angewandt wird. Dabei werden Zwiebeln, Senfkörner und manchmal auch Bockshornkleesamen oder Kreuzkümmelsamen sowie Curryblätter in Öl gebraten, bis sie braun, leicht knusprig und aromatisch sind. Diese Mischung wird dann kurz vor dem Servieren in das Curry gegeben.

FÜR DAS CURRY

1 Kabocha-Kürbis (etwa 750 g), gewaschen, entkernt und mit Schale in 5–6 cm große Stücke geschnitten

4 kleine purpurrote Asiatische Schalotten, geschält und in Scheiben geschnitten

2 dünne grüne Chilischoten, geputzt und gedrittelt

etwa 15 Curryblätter, grob gehackt

1 *rampe*-Blatt (8 cm), in 2 cm lange Stücke geschnitten

1 TL ungeröstetes Chilipulver

1 TL gemahlene Kurkuma

½ TL Bockshornkleesamen

1½ TL Manikes *thuna paha* (siehe Seite 153) (oder geröstetes Currypulver)

1 TL Salz

500 ml Kokosmilch

250 ml Kokoscreme

FÜR DIE SAUTIERTEN ZWIEBELN

2 EL Kokosöl

1 TL schwarze Senfkörner

2 kleine purpurrote Asiatische Schalotten, geschält und in Scheiben geschnitten

etwa 15 Curryblätter

ZUBEREITUNG

Für das Curry die Kürbisstücke in einen Tontopf oder einen Topf mit dickem Boden geben, die übrigen Zutaten hinzufügen und alles vermischen. Aufkochen, die Temperatur verringern und zugedeckt 10–12 Minuten köcheln lassen, bis der Kürbis weich ist. Von Zeit zu Zeit umrühren, damit die Kokosmilch sich nicht trennt. Vom Herd nehmen und beiseitestellen.

Für die sautierten Zwiebeln das Kokosöl in einem kleinen Wok oder einer Pfanne bei mittlerer Temperatur erwärmen und die Senfkörner zugeben. Wenn die Senfkörner beginnen aufzupoppen, die Schalotten und die Curryblätter hinzufügen und alles 3–5 Minuten braten, bis die Schalotten dunkelbraun und ein wenig knusprig sind. Vom Herd nehmen und durch ein Sieb abtropfen lassen. Die Hälfte der sautierten Mischung in das Curry geben und mit dem Rest garnieren. Mit *pol roti* (siehe Seite 125) und Reis servieren.

ZERSCHLAGENES AUBERGINEN-CURRY

Für 4 Personen als Beilage

Dieses Gericht heißt* thalana batu *und hat seinen Namen nach der Hauptzutat, den leicht bitteren, kleinen Thai-Auberginen erhalten. Ich habe sie das erste Mal auf dem Markt von Siyambalanduwa gesehen. Neugierig nahm ich einige mit zu Manike und fragte sie, wie man sie zubereitet. Es macht richtig Spaß, um die Samen zu entfernen, die Auberginen zu zerschlagen. Dieses Curry ist mit der leichten Bitterkeit der Auberginen, dem starken Kurkuma-Aroma und der sehr cremigen Konsistenz etwas Besonderes. Es wird am besten als Beilage serviert.

ZUTATEN

1 EL Tamarindenfruchtfleisch, in 125 ml warmem Wasser eingeweicht

600 g Thai-Auberginen (Asia-Laden)

Salz

4 kleine purpurrote Asiatische Schalotten, geschält und in dünne Scheiben geschnitten

1 dünne grüne Chilischoten, geputzt und gedrittelt

etwa 7 Curryblätter

1 TL gemahlene Kurkuma

½ TL Manikes *thuna paha* (siehe Seite 153) (oder geröstetes Currypulver)

½ TL ungeröstetes Chilipulver

1 EL Kokosöl

125 ml Kokoscreme

ZUBEREITUNG

Aus dem Tamarindenfruchtfleisch wie auf Seite 261 beschrieben Saft herstellen. Den Tamarindensaft beiseitestellen. Die Auberginen in eine Gefriertüte geben. Dann mit dem Boden eines Topfes auf der Arbeitsfläche zerschlagen. Darauf achten, dass alle geöffnet werden. Die Auberginen aus der Tüte nehmen und in eine Schüssel mit Salzwasser legen, damit sie nicht braun werden. Mit den Fingern die Samen und Stiele entfernen und die Auberginen wieder in das Wasser legen. Die Auberginen gut abspülen, um die restlichen Samen zu entfernen. Zusammen mit Schalotten, Chilischoten, Curryblättern, Kurkuma, *thuna paha*, Chilipulver und 1 TL Salz in eine große Schüssel geben und alles gut verrühren.

In einem Tontopf oder einem Topf mit schwerem Boden das Kokosöl bei mittlerer Temperatur erhitzen. Die Auberginen hineingeben und 4 Minuten braten, dabei regelmäßig umrühren. Danach das Tamarindenwasser hineingießen und 1 Minute kochen. Die Kokoscreme hinzufügen und alles zugedeckt bei niedriger Temperatur 20 Minuten köcheln lassen, bis die Auberginen weich sind. Mit Reis und zu einem Hauptcurry servieren.

GOTU KOLA

Für 6–8 Personen als Beilage

Gotu kola *ist die singhalesische Version des arabischen Taboulé und eine erfrischende Beilage zu Currys. Ich liebe frischen Salat, aber die Sri Lanker essen nicht sehr oft Salat. Nachdem ich* gotu kola *entdeckt hatte, aß ich es fast jeden Tag. Falls Sie* gotu kola *nicht bekommen, können Sie es auch durch glatte Petersilie ersetzen. Das frische Kokosnussfleisch, die getrockneten Sprotten und der Limettensaft verleihen diesem Salat seinen typischen singhalesischen Geschmack.*

ZUTATEN

- **260 g *gotu kola* (oder glatte Petersilie), die Stiele entfernt**
- **¾ EL getrocknete Sprotten**
- **60 g Kokosnuss, frisch geschabt**
- **1–2 dünne grüne Chilischoten, geputzt und fein gehackt**
- **4 kleine purpurrote Asiatische Schalotten, geschält und sehr fein gehackt**
- **Saft von 1 Limette**
- **½ TL Salz**

ZUBEREITUNG

Die *gotu-kola*-Blätter (oder die Petersilie) in kaltem Wasser waschen, trocknen und fein hacken. Die Sprotten in einer kleinen Pfanne mit schwerem Boden 3–4 Minuten rösten, bis sie goldbraun und knusprig sind. Vom Herd nehmen und abkühlen lassen. Die Sprotten in einem Mörser (oder einer Gewürzmühle) zu einem groben Pulver zermahlen.

In einer kleinen Schüssel die gemahlenen Sprotten mit Kokosnussfleisch, Chilischoten, Schalotten, Limettensaft und Salz vermischen. *Gotu kola* hinzufügen und alle Zutaten vermengen. Zu einem Curry als Beilage servieren.

WÜRZIGER SINGHA-LESISCHER KAFFEE

Ergibt 4 Tassen

Als ich bei Manike zu Besuch war, war ich überrascht, in ihrem Garten einen Kaffeebaum zu finden. Die traditionelle Zubereitung von **kopi** ***(Kaffee) ist sehr arbeitsintensiv. Dabei werden die reifen Kaffeebohnen gepflückt und vier Tage zum Trocknen in die Sonne gelegt. Dann wird in einem riesigen Mörser die harte Außenschale entfernt. Die inneren Bohnen werden über offenem Feuer geröstet. Gegen Ende werden Koriandersamen und schwarze Pfefferkörner hinzugefügt, die ein fantastisches Aroma abgeben. Die Bohnen werden dann von Hand zerstoßen. In Sri Lanka trinkt man den Kaffee schwarz mit viel Zucker. Dieses Rezept wurde etwas vereinfacht, damit es auch zu Hause zubereitet werden kann. Wenn Sie aber versuchen wollen, Ihre Bohnen selbst zu rösten, beachten Sie die Anmerkung.***

ZUTATEN

2 TL Koriandersamen

½ TL schwarze Pfefferkörner

30 g frisch gemahlener Kaffee

500 ml kochendes Wasser

3 EL Zucker

ZUBEREITUNG

In einem kleinen Wok oder in einer Pfanne mit dickem Boden die Koriandersamen und Pfefferkörner bei niedriger Temperatur 3–5 Minuten rösten. Etwas abkühlen lassen und die Gewürze in einem Mörser (oder einer Gewürzmühle) zu einem feinen Pulver zermahlen.

Zusammen mit dem frisch gemahlenen Kaffee in eine große Pressstempelkanne geben und mit dem kochenden Wasser aufgießen. 5 Minuten ziehen lassen, dann den Stempel herunterdrücken und den Kaffee in vier Espressotassen gießen. 3 TL Zucker in jede Tasse geben, gut umrühren und heiß servieren.

ANMERKUNG: Um die Kaffeebohnen selbst zu rösten, grüne Bohnen (erhält man in Kaffeeröstereien) in einem kleinen Wok oder einer Pfanne mit dickem Boden bei mittlerer Temperatur 5–10 Minuten rösten. Ständig umrühren, bis Rauch entsteht und die Bohnen sich aufblähen und mittel- bis dunkelbraun sind. Den Wok vom Herd nehmen. Die Bohnen halten die Wärme und rösten noch eine Weile weiter. Dann die Gewürze hinzufügen. Die Kaffeebohnen abkühlen lassen und dann in einer Kaffee- oder Gewürzmühle mahlen. Das beste Ergebnis erzielen Sie, wenn die gerösteten Kaffeebohnen vor dem Mahlen 12–24 Stunden ruhen.

PITI GULI

Ergibt etwa 10 Stück

Diese süßen, frittierten Teigbällchen erinnern ein wenig an Donuts und sind ein traditionelles Rezept aus Siyambalanduwa.* Piti *bedeutet* mehr *auf Singhalesisch und* guli *bezieht sich auf die Kugelform. Die Zutaten sind wirklich einfach – so einfach, dass ich mir gar nicht vorstellen konnte, dass es schmeckt – aber das Frittieren des Teiges in Kokosöl verleiht diesem Gebäck einen köstlichen Geschmack. Der Trick bei der Herstellung des Teiges ist das Drehen und Ziehen, das ein wenig Übung erfordert.

ZUTATEN

300 g Weizenmehl
2 TL Natron
55 g Streuzucker
1 Prise Salz
750 ml Kokosöl

ZUBEREITUNG

Mehl und Natron in eine Schüssel sieben. Langsam 185 ml Wasser hineingeben und dabei ständig mit einem Holzlöffel umrühren, bis die Mischung zu einem feuchten, klebrigen Teig geworden ist. Den Teig 1 Stunde ruhen lassen. Den Zucker und das Salz unterkneten. Den Teig 6–8 Minuten kneten und ziehen, bis er elastisch geworden ist.

Das Kokosöl in einem Wok oder einem Topf mit schwerem Boden auf etwa 180 °C erhitzen (ein hineingegebener Weißbrotwürfel sollte in 15 Sekunden braun werden). Einen gestrichenen Esslöffel des Teiges abstechen und mit einem zweiten Löffel langsam in das heiße Öl schaben. 2 Minuten frittieren, dann wenden und noch einmal 2 Minuten frittieren, bis das Gebäck goldbraun ist. Mit einem Schaumlöffel herausnehmen und zum Abtropfen auf Küchenpapier geben. Das Ganze mit dem restlichen Teig wiederholen, dabei jeweils drei Kugeln gleichzeitig frittieren. Warm oder kalt zu einer Tasse würzigem singhalesischem Kaffee (siehe Seite 173) servieren.

KOCHEN MIT DER ARMEE

Die 233. Brigade, Vakarai

Als ich aufwache, brauche ich einige Momente, um mir klar zu werden, wo ich bin. Ich schiebe mein Moskitonetz beiseite und beobachte, wie die Sonne über der Lagune aufgeht. Das einzige Zeichen von Leben ist die Silhouette eines Fischers in einem Holzboot, das leise vorbeigleitet. Ich sauge alle Eindrücke auf und möchte diesen Moment für immer in mein Gedächtnis einbrennen. Schließlich wacht man ja nicht jeden Tag in einem Armeelager auf. Ich befinde mich bei der 233. Brigade in Vakarai, einer kleinen Stadt etwa 60 km nördlich von Batticaloa. Hier ist es so atemberaubend schön und friedlich, dass man sich kaum vorstellen kann, dass hier vor wenigen Jahren eine der blutigsten Schlachten zwischen der singhalesischen Armee und den Tamilischen Tigern stattfand. Seltsamerweise betreibt die Armee hier eine Baumschule für Cashewbäume, und ich bin hier in das Lager von Vakarai gekommen, um die Zubereitung von Cashew-Curry zu lernen.

Am Rande der Lagune steht eine windschiefe Wellblechhütte, die als Küche für die Offiziersmesse dient. Ich laufe durch das Lager und weiche mehr als einem Dutzend bellender Hunde aus. An der Tür der Küche begrüßt mich General Wickramasinghe mit einem breiten Lächeln. Drinnen ist es überraschend geräumig und luftig, mit großen Fenstern, einem Schrank mit bunt zusammengewürfeltem Geschirr und einem großen Gasherd. Hier werden die Mahlzeiten für den General und andere hochrangige Offiziere zubereitet.

Der Koch erzählt mir, dass das Geheimnis eines guten Cashew-Currys *cadjus* (Cashewkerne) von höchster Qualität ist. Er kann nicht aufhören zu grinsen und ist sichtlich amüsiert von meinem Anliegen, mit ihm zu kochen. Schon bald versammelt sich eine Gruppe Soldaten in der Küche. Ich beschließe, einige Fotos zu machen und öffne meinen Diffusor, der dabei ein Knallgeräusch von sich gibt. Sofort springen die Soldaten auf und umstellen mich mit ihren Maschinenpistolen im Anschlag. Als sie merken, dass ich keine Waffe habe, brechen sie in erleichtertes Lachen aus.

Aus Sicherheitsgründen wird mir nicht erlaubt, beim Kochen zu helfen, worüber ich enttäuscht bin. Trotz der vielen strengen Regeln sind die Soldaten sehr freundlich und erweisen sich als sehr humorvoll und ziemlich frech. Sie erklären mir, dass von jedem Gericht eine Portion zuerst an die Hunde des Lagers verfüttert wird, um zu sehen, ob das Essen vergiftet wurde. Heute wird jedoch eine Ausnahme gemacht und die Löffel werden gleich in der Küche verteilt. Das Curry ist köstlich – cremig und würzig, aber nicht zu scharf. Ich fühle mich geehrt, dass es für mich zubereitet wurde.

Nach dem Essen gehe ich hinüber zur Lagune, bleibe aber sofort stehen, als jemand mir hinterherruft. Die Lagune ist tabu, denn das Gelände hier ist voller Landminen. Landminen sind ein großes Problem in Sri Lanka, und obwohl viel Arbeit in ihre Beseitigung investiert wird, geht es nur sehr langsam voran.

»Nach dem Essen gehe ich hinüber zur Lagune, bleibe aber sofort stehen, als jemand mir hinterherruft. Die Lagune ist tabu, denn das Gelände hier ist voller Landminen.«

Ich beschließe, zur Cashewbaumschule hinüber zu gehen. Sie ist größer als ich dachte, mit Tausenden kleiner Setzlinge. Sie wurden im Rahmen eines Naturschutzprojekts mit der Bezeichnung *Greening Batticaloa* von der Organisation *Dilmah Conservation* gespendet. Später werden rund 50.000 junge Cashewbäume an ortsansässige Familien verteilt. Damit wird nicht nur die Wiederaufforstung nach dem verheerenden Tsunami vorangetrieben, sondern die Dörfer erhalten auch eine Einnahmequelle.

CASHEW-CURRY

Für 4 Personen als Beilage

Da die Nerven nach dem Krieg noch immer blank liegen, war ich etwas nervös, als ich bei der 233. Brigade in Vakarai ankam, um mit Soldaten der singhalesischen Armee zu kochen. Aber wie die meisten Sri Lanker waren auch die Soldaten unglaublich warmherzig und wir hatten viel Spaß bei der Zubereitung dieses Cashew-Currys in ihrer Lagerküche. Es war ein einzigartiges Erlebnis und fühlte sich manchmal etwas unwirklich an, aber es hat mir unglaublich viel Spaß gemacht und ich würde es sofort wieder tun.

ZUTATEN

- **500 g Cashewkerne, 3 Stunden in Wasser eingeweicht**
- **1 TL gemahlene Kurkuma**
- **1½ TL Manikes *thuna paha* (siehe Seite 153) (oder geröstetes Currypulver)**
- **1½ TL ungeröstetes Chilipulver**
- **1 TL frisch gemahlener schwarzer Pfeffer plus ½ TL extra**
- **Salz**
- **1 *rampe*-Blatt (16 cm), in 4 cm lange Stücke geschnitten**
- **1 Knoblauchzehe, geschält und in Scheiben geschnitten**
- **1 rote Zwiebel, geschält und in Scheiben geschnitten**
- **500 ml Kokosmilch**
- **250 ml Kokoscreme**
- **3 dünne grüne Chilischoten, geputzt und längs halbiert**
- **etwa 15 Curryblätter**

ZUBEREITUNG

Das Wasser von den eingeweichten Cashewkernen abgießen und diese zusammen mit Kurkuma, *thuna paha*, Chilipulver, Pfeffer, 1 TL Salz, *rampe*-Blatt, Knoblauch und der Hälfte der Zwiebelscheiben in einen Wok oder einen Topf mit dickem Boden geben. Die Kokosmilch hinzufügen und alles verrühren. Zum Kochen bringen, die Temperatur verringern und 20 Minuten zugedeckt köcheln lassen, bis die Cashewkerne weich sind, von Zeit zu Zeit umrühren.

Die Kokoscreme einrühren und mit Salz abschmecken. Die Chilischoten, Curryblätter, den Rest der Zwiebel und den extra Pfeffer hinzufügen. Weitere 2 Minuten ohne Deckel köcheln lassen, dann vom Herd nehmen. Mit Reis und einem Hauptcurry servieren.

DER NORDEN
Die Halbinsel Jaffna

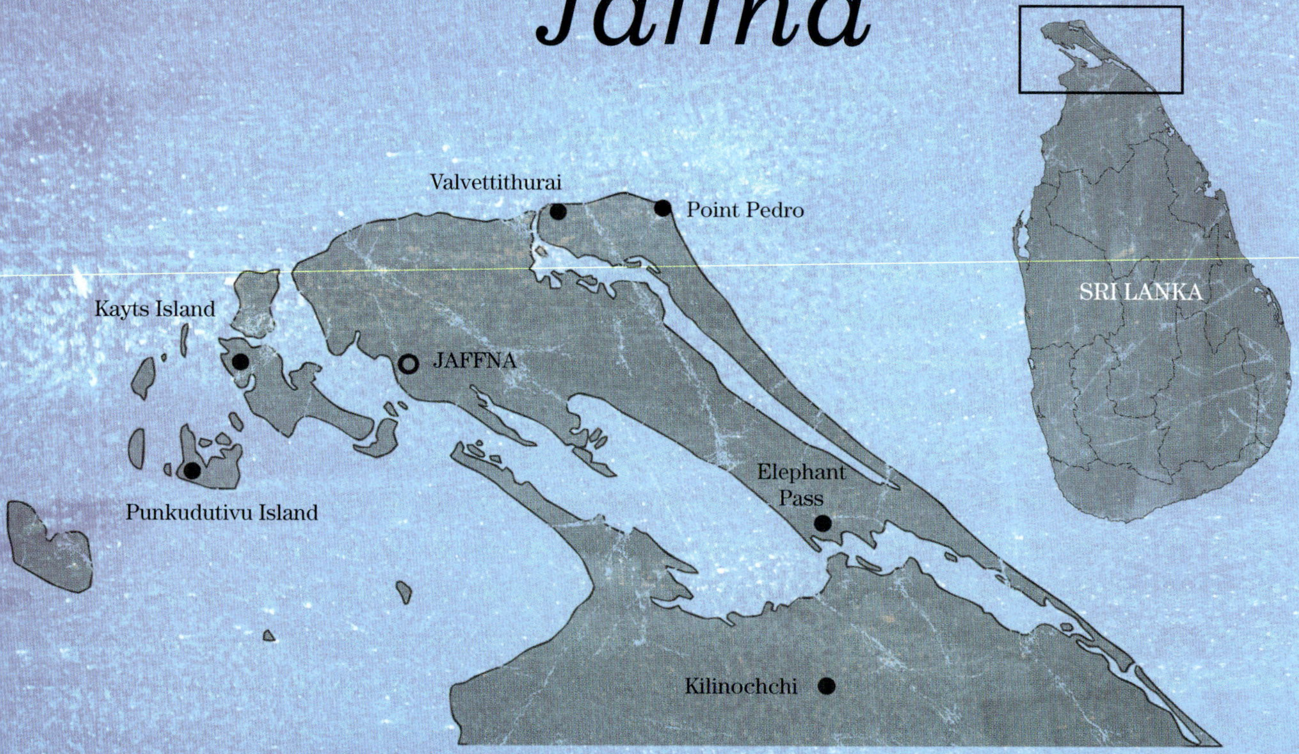

Fast dreißig Jahre lang war Jaffna vom übrigen Sri Lanka abgeschnitten und von den Tamilischen Tigern besetzt. Als der Bürgerkrieg 2009 endete, wurde die Halbinsel wieder geöffnet. Obwohl Jaffna von diesem Konflikt und dem Tsunami gezeichnet ist, ist die Halbinsel verführerisch schön und die Leute sind warmherzig und gastfreundlich.

Die Küche Jaffnas ist die ausgeprägteste in Sri Lanka und die Leute hier sind sehr stolz darauf. Jaffna ist bekannt für seine scharfen Speisen und die Verwendung frischer Meeresfrüchte. Besonders berühmt sind das Krabbencurry und *odiyal kool*, eine würzige Meeresfrüchtesuppe. Die Zubereitung dieser Gerichte ist so etwas wie ein Geheimnis.

Nun, da der Krieg vorüber ist, kommt Jaffna schnell wieder in die Gemeinschaft zurück. Die Menschen hier besitzen eine einzigartige Kraft und Entschlossenheit, die inspirierend sind. Sie strahlen eine positive Energie aus, und wenn man sie einmal näher kennengelernt hat, fällt es schwer, wieder zu gehen.

KOCHEN & LEBEN MIT DEM HERZEN

Bamini

Als ich Bamini bei meinem ersten Besuch auf der Halbinsel Jaffna traf, hat mich ihre unerschütterliche Kraft beeindruckt. Ihre Fröhlichkeit lässt vergessen, was sie schon alles ertragen musste. Sie hat Bombenanschläge, Hunger, Flüchtlingslager und einen Tsunami überlebt und ihren Mann einen Monat vor dem Ende des Bürgerkriegs verloren – die meisten Menschen hätten einfach aufgegeben. Aber das war für Bamini keine Option. Das ist es, was ich an ihr liebe. Das Wichtigste für sie ist, ihre drei kleinen Kinder zu versorgen und ihnen eine gute Ausbildung zu ermöglichen. Bamini stammt aus Valvettithurai, einem kleinen Fischerdorf an der Nordküste der Halbinsel. Valvettithurai ist sehr friedlich und malerisch, wenn da nicht die Soldaten wären, die gelegentlich mit Gewehren über den Schultern vorbeifahren.

Bamini hat mich noch einmal zu sich eingeladen, um mir zu zeigen, wie man die Gerichte der Küche Jaffnas kocht, und auch um mir Rezepte beizubringen, die es nur in Valvettithurai gibt. Baminis Haus liegt versteckt an einem Sandweg. Als ich in ihre Küche trete, weiß ich, dass ich hier auf meine Kosten kommen werde. Jede Menge Gläser mit Gewürzen zieren die Regale, ein riesiger Mörser zum Zerstoßen von Gewürzen steht am Holzofen, der eine Reihe von *thaachchi* beherbergt.

Bamini ist sehr stolz auf ihre Kochkünste, und das zu Recht. Man findet in ihrer Küche keine Kochbücher. Als ich erkläre, was das ist, fragt sie verwirrt: »Wozu braucht man die?« Wie die meisten Sri Lanker kocht Bamini mit dem Herzen und nach Rezepten, die über viele Generationen überliefert wurden. Unter den Einheimischen ist sie berühmt für ihre *thosai*, pikante Pfannkuchen aus fermentiertem Teig aus gemahlenem Reis und Urdbohnen. Da sie keinen Kühlschrank hat, kocht Bamini ihr Essen täglich frisch, mit saisonalen Zutaten und frischen Meeresfrüchten. Allerdings war das für Bamini und ihre Familie nicht immer so. Zehn Jahre lang lebten sie vor allem von Lebensmittelrationen. Bamini zeigt mir ihre letzte Rationierungskarte aus dem Jahr 2010 und erklärt mir, dass sie in dieser Zeit vor allem Reis vermisst hat.

»Davon haben wir einfach nicht genug bekommen. Ich konnte keine Gerichte wie *string hopper* oder *pittu* mehr zubereiten«, erzählt sie. »Ich konnte zwar Lebensmittel zukaufen, aber das war sehr teuer. Ich habe einmal 5.000 Rupien (ein halbes Monatsgehalt) für ein Päckchen Milchpulver für das Baby bezahlt. Schließlich hatten wir kein Geld mehr, also musste ich meinen ganzen Schmuck verkaufen,

einschließlich der Familienerbstücke, die ich von meinen Eltern zur Hochzeit bekommen hatte.« Sie wird das niemals vergessen. Aber heute gibt es keinen Mangel in Baminis Haus mehr und sie bereitet ein Fest vor. Bamini hat dazu ihre *amma* (Mutter) und ältere Schwester Puwanageetha und ihre gute Freundin Jayamathi zur Hilfe gerufen.

Während Baminis *amma* sorgfältig Bananenblätter auf dem Bodem ausbreitet, erzählt sie mir, dass sie eines ihrer Lieblingsgerichte vorbereitet haben, *puli arnam*, eine Tamarinden-Fischsuppe. »Als ich mit Bamini schwanger war, habe ich jeden Tag *puli arnam* gegessen«, sagt sie. Sie haben auch eines von Baminis Lieblingsgerichten zubereitet: gebratener Trockenfisch mit sautierten Zwiebeln, *curd*-Chilis und *pittu* (einer Mischung aus gedämpftem Reismehl und geschabter Kokosnuss). »Als Kind mochte sie vor allem scharfe Snacks, keine Süßigkeiten«, sagt ihre Mutter. »Nur ab und zu hat sie nach *certaikkai* verlangt.« *Certaikkai* ist eine Süßigkeit aus Sesam, für die Valvettithurai berühmt ist und die es in anderen Teilen von Sri Lanka nicht gibt. Ich bin ganz begeistert, als ich höre, dass wir das heute Nachmittag zubereiten werden.

Als ich mit gekreuzten Beinen auf dem Boden des Zimmers sitze, das auch als Schlafzimmer und Wohnzimmer dient, kann ich kaum das Essen abwarten. In rascher Folge beginnen die Frauen, Speisen auf mein Bananenblatt aufzutragen.

Sie bleiben stehen und starren mich an, während ich esse, und warten nur darauf, dass sich ein freier Fleck auf dem Blatt zeigt, um darauf noch mehr Essen aufhäufen zu können. Ihrem strahlenden Lächeln und dem ständigen Wackeln ihrer Köpfe entnehme ich, dass ich sie mit meinem gesunden Appetit, der Toleranz für scharfes Essen und der Fähigkeit, mit der Hand zu essen, beeindrucke.

Trotz der Vielfalt der Gerichte, die ich probiere, vertragen sich die Aromen in meinem Mund gut miteinander. Das Gericht, das mich am meisten fasziniert, ist der gebratene Trockenfisch. Alleine gegessen ist er scharf und extrem salzig, aber kombiniert mit den süßlichen sautierten Zwiebeln, dem weichen *pittu* und den würzigen *curd*-Chilis schmeckt dieses Gericht anders als alles, was ich je gegessen habe.

Während ich esse, erzählt mir Bamini, wie sie mit getrocknetem Fisch Geld verdient. Sie kauft frischen Fisch von den ortsansässigen Fischern, den sie wäscht, salzt und in der Sonne trocknen lässt. Dann verkauft sie ihn direkt an die Großhändler. Sie legt den Arm um ihre Freundin und sagt: »So verdienen wir mehr Geld.« Bamini und Jayamathi hatten das Glück, Geräte und Ausrüstungen, wie Waagen, Messer, Körbe, Netze und Salz, von der *MJF Charitable Foundation* zu erhalten, sodass sie ihren eigenen getrockneten Fisch herstellen können. »Mit den Geräten, die sie uns gegeben haben, können wir unseren Lebensunterhalt unabhängig von anderen verdienen.«

»Alleine gegessen ist der Trockenfisch scharf und extrem salzig, aber kombiniert mit den süßlichen sautierten Zwiebeln, dem weichen pittu *und den würzigen* curd-*Chilis schmeckt dieses Gericht anders als alles, was ich je gegessen habe.«*

Die Stiftung hat mehr als 200 Frauen auf der Halbinsel Jaffna geholfen, die im Krieg zu Witwen geworden sind, ihre eigenen Firmen gründen zu können. Außerdem haben sie psychologische Hilfe erhalten, um mit den Wunden aus dem Krieg besser umgehen zu können.

Bamini und Jayamathi versuchen ständig, Wege zu finden, um ihre Einnahmen zu erhöhen. Nächste Woche planen sie zusätzlichen Fisch von dem Geld zu kaufen, das sie durch den Verkauf von Baminis *thosai* beim kommenden Hindu-Festival einnehmen. Die Chance, ein Hindu-Festival zu erleben, und die Gelegenheit, das berühmte *thosai*-Rezept von Bamini zu erfahren, kann ich mir nicht entgehen lassen. So beschließe ich, noch ein paar Tage zu bleiben.

BAMINIS GERÖSTETES CURRYPULVER

Ergibt 20 Gramm

Wenn Sie nur eines der köstlichen Rezepte von Bamini ausprobieren, dann sollten Sie dieses wählen. Es verändert den Geschmack von jedem Currygericht, das Sie zubereiten, und es verleiht Baminis Rezepten ihr besonderes Aroma. Baminis Currypulver ist aus meiner Küche nicht mehr wegzudenken und ich kann mir nicht mehr vorstellen, ein Currygericht ohne es zuzubereiten. Beginnen Sie mit der Zubereitung dieser Gewürzmischung einen Tag, bevor Sie sie benötigen, damit die Gewürze genügend Zeit haben, in der Sonne zu trocknen.

ZUTATEN

etwa 30 Curryblätter
2 TL Fenchelsamen
2 EL Koriandersamen
1 TL schwarze Pfefferkörner
1 EL roter Reis
8 getrocknete lange, rote Chilischoten
3 Knoblauchzehen, geschält und in dünne Scheiben geschnitten
1 Zimtstange, durchgebrochen

ZUBEREITUNG

Curryblätter, Fenchelsamen, Koriandersamen, Pfefferkörner und roten Reis getrennt waschen, dann auf einzelne Teller legen und einen Tag in der Sonne trocknen lassen.

Die in der Sonne getrockneten Gewürze und die anderen Zutaten getrennt voneinander nacheinander in einem kleinen Wok oder in einer Pfanne mit schwerem Boden bei niedriger Temperatur 1–2 Minuten rösten, bis sie angenehm duften. Dabei die Pfanne ständig schütteln. Vom Herd nehmen und in eine kleine Schüssel zum Abkühlen geben.

Alle abgekühlten Zutaten in einen Mörser (oder eine Gewürzmühle) geben und zu einem feinen Pulver zermahlen. Die Mischung ist in einem luftdichten Behälter bis zu 2 Monate haltbar.

DUBBI NANDU

Für 4 Personen als Snack

Bamini hat dieses Gericht als Snack zubereitet, während wir mit dem Kochen von* odiyal kool *beschäftigt waren. Dazu hat sie das Fleisch der* dubbi nandu *(Bärenkrebse) mit einer Gewürzmischung mariniert, gebraten und mit etwas Limettensaft abgeschmeckt. Nachdem ich es das erste Mal probiert hatte, wusste ich, dass ich es unbedingt zu Hause zubereiten musste.

ZUTATEN

800 g Bärenkrebsfleisch, roh oder gekocht
3 TL Baminis geröstetes Currypulver (siehe Seite 195)
1½ TL Salz
200 g kleine purpurrote Asiatische Schalotten, geschält
500 ml neutrales Pflanzenöl
1 rote Zwiebel, geschält, halbiert und in dünne Scheiben geschnitten
3–4 dünne grüne Chilischoten, geputzt und längs halbiert
1 Limette, geachtelt

ZUBEREITUNG

Viel Wasser in einer großen Pfanne zum Kochen bringen. Die rohen Bärenkrebse etwa 5 Minuten darin kochen. Das Wasser abgießen und die Krebse unter fließendem kaltem Wasser abspülen oder in eine Schüssel mit Eiswasser legen, um den Garprozess zu unterbrechen.

Zum Entfernen des Fleisches den Schwanz in eine Hand nehmen und den Kopf in die andere. Den Krebs drehen, bis der Kopf sich löst. Diesen entsorgen. Mit einer Küchenschere die Ränder des Schwanzes abschneiden, um die Schale zu öffnen. Nun kann das Fleisch leicht herausgelöst werden. Den Darm entfernen, die Schale entsorgen und das Fleisch in eine Schüssel legen. Currypulver, Salz und Schalotten dazugeben und alles gut mischen. Die Schalotten herausnehmen und beiseitelegen.

Das Öl in einem kleinen Wok oder einer Pfanne bei mittlerer Temperatur erhitzen und die Schalotten 3 Minuten braten, bis sie goldbraun sind. Mit einem Schaumlöffel aus der Pfanne nehmen und in eine Schüssel legen. Das marinierte Krebsfleisch 1–2 Minuten im Öl goldbraun braten. Mit einem Schaumlöffel herausnehmen und zu den gebratenen Schalotten geben. Nun die Zwiebel 4 Minuten goldbraun anbraten und zu den anderen gebratenen Zutaten geben. Zum Schluss die Chilischoten 2 Minuten braten. Alle gebratenen Zutaten vermischen und auf eine Servierplatte geben. Warm mit der Limette servieren.

GEBRATENER TROCKENFISCH

Für 4 Personen als Beilage

Als Bamini dieses traditionelle Gericht aus Valvettithurai für mich zubereitete, hatte ich zunächst etwas Bedenken, denn getrockneter Fisch hat einen ziemlich stechenden Geruch. Zu meiner Überraschung war er jedoch sehr schmackhaft. Wenn Sie keinen getrockneten Fisch von hoher Qualität finden können, ist frischer Fisch eine gute Alternative. Verdoppeln Sie in diesem Fall jedoch die Menge an Salz und geröstetem Currypulver.

ZUTATEN

200 g kleine purpurrote Asiatische Schalotten, geschält und halbiert

140 g Trockenfisch, in 2–3 cm große Stücke geschnitten (oder 500 g frischer weißfleischiger Fisch, in 1,5 cm dicke Scheiben geschnitten)

2 TL Salz (4 TL für frischen Fisch)

2 TL Baminis geröstetes Currypulver (siehe Seite 195) (4 TL für frischen Fisch)

neutrales Pflanzenöl zum Frittieren

20 g *curd*-Chilis (siehe Seite 202)

ZUBEREITUNG

Die Schalotten und den Trockenfisch oder den frischen Fisch in zwei verschiedene Schüsseln geben. Salz und Currypulver vermischen und die Hälfte dieser Mischung über die Schalotten streuen und die andere Hälfte über den Fisch. Gut vermengen und zur Seite stellen.

Einen kleinen Wok oder eine Pfanne mit dickem Boden zu einem Drittel mit Öl füllen und auf etwa 150 °C erhitzen (ein hineingegebener Weißbrotwürfel sollte in 35 Sekunden braun werden). Die *curd*-Chilis 30–60 Sekunden frittieren, bis sie dunkelbraun und knusprig sind. Dann mit einem Schaumlöffel herausnehmen und auf Küchenpapier abtropfen lassen. Die Schalotten 2–3 Minuten frittieren, bis sie goldbraun sind. Dann mit einem Schaumlöffel herausnehmen und ebenfalls auf Küchenpapier abtropfen lassen. Die Trockenfischstücke 2 Minuten (3 Minuten bei frischem Fisch) frittieren, bis sie dunkelbraun und knusprig sind. Mit einem Schaumlöffel herausnehmen und auf Küchenpapier abtropfen lassen.

Den Fisch auf eine Servierplatte geben und die frittierten Schalotten und Chilischoten in kleinen Schüsseln dazu reichen. Mit *pittu* (siehe Seite 218) servieren.

CURD-CHILIS

Ergibt etwa 40 g

Als Bamini und Jayamathi mir frittierte ganze Chilischoten anboten, dachte ich zuerst an einen Scherz und knabberte sehr vorsichtig an einer. Zu meiner Überraschung fing mein Mund nicht sofort Feuer und sie schmeckten wirklich gut – knusprig, salzig und rauchig.* Curd-*Chilis sind eine tolle Beilage zu jedem Currygericht. Sie sind leicht zuzubereiten, brauchen aber eine Woche, um in der Sonne zu trocknen.

ZUTATEN

250 g mittlere grüne Chilischoten, gewaschen (siehe Anmerkung)

125 g *curd* (oder cremiger Naturjoghurt)

3 TL Salz, in 3 TL warmem Wasser aufgelöst

neutrales Pflanzenöl

ZUBEREITUNG

Die Stiele von den Chilischoten abschneiden und zwei 5 mm lange Schlitze in die Mitte jeder Schote schneiden. Wenn sie nicht eingeschnitten sind, können sie beim Frittieren platzen. Die Chilischoten in eine Schüssel geben, den *curd* oder Joghurt und das Salzwasser dazugeben und alles gut mischen. Darauf achten, dass die Chilischoten gleichmäßig mit *curd* bedeckt sind. Die Chilischoten herausnehmen, auf einen Tonteller legen und eine Woche im Freien in der Sonne trocknen lassen (nachts ins Haus holen).

Wenn die Chilischoten den gesamten *curd* aufgenommen haben und getrocknet sind, in einem luftdichten Behälter aufbewahren. Bei Bedarf einzelne Portionen 30–60 Sekunden in heißem Pflanzenöl frittieren, bis sie dunkelbraun und knusprig sind. Mit einem Schaumlöffel herausnehmen und auf Küchenpapier abtropfen lassen. Als Beilage zu Currygerichten servieren oder als würzigen Snack essen.

ANMERKUNG: Da Chilischoten unterschiedliche Schärfegrade haben, fragen Sie Ihren Gemüsehändler, welche Art von Chilischoten er für dieses Gericht empfiehlt. Die Chilischoten sollten nicht zu scharf und nicht zu lang sein.

PULI ARNAM

Für 4 Personen

Diese leichte Tamarinden-Fischsuppe ist hervorragend im Geschmack – mild mit einer leichten Bitterkeit und einem Hauch an Schärfe. Es ist das Lieblingsgericht von Baminis Mutter und auch meine Mutter mag es von allen Gerichten, die ich aus Sri Lanka mitgebracht habe, am liebsten. Die Suppe ist leicht zuzubereiten und schmeckt auch ohne Beilagen köstlich.

ZUTATEN

4–6 getrocknete rote Chilischoten ohne Stiel

300 g kleine purpurrote Asiatische Schalotten, geschält

160 g Tamarindenfruchtfleisch, in 750 ml warmem Wasser eingeweicht

1 kg ganzer weißfleischiger Fisch (etwa Red Snapper), in 4 cm dicke Koteletts geschnitten (siehe Anmerkung)

2 TL Salz

ZUBEREITUNG

Etwas Wasser in einem Topf zum Kochen bringen. Darin die getrockneten Chilischoten und die Schalotten etwa 20 Minuten kochen, bis sie weich sind. Währenddessen aus dem Tamarindenfruchtfleisch wie auf Seite 261 beschrieben Saft herstellen und diesen beiseitestellen.

Das Wasser von den gekochten Schalotten und Chilischoten abgießen und diese in einer Küchenmaschine zu einer Paste verarbeiten. Die Schalottenpaste, die Fischstücke (einschließlich Kopf und Schwanz), Salz, Tamarindensaft und 500 ml Wasser in einen Topf mit dickem Boden geben. Der Fisch sollte mit Wasser bedeckt sein, gegebenenfalls noch etwas Wasser zugießen. Alles zum Kochen bringen, die Temperatur verringern und 10 Minuten zugedeckt köcheln lassen, bis der Fisch gerade gar ist. Mit Reis servieren.

ANMERKUNG: Traditionell wird dieses Gericht aus ganzem Fisch hergestellt, der mit der Rückengräte in dicke Kotelettscheiben geschnitten wird. Sie können Ihren Fischhändler bitten, die Koteletts für Sie zu schneiden, aber vergessen Sie nicht, auch um den Kopf und den Schwanz zu bitten, denn diese verleihen der Suppe erst ihren hervorragenden Geschmack. Wenn Sie jedoch Fisch ohne Gräten bevorzugen, verwenden Sie Weißfischfilets zu jeweils 600 g (mit Haut), beispielsweise vom Kabeljau.

ODIYAL KOOL

Für 6–8 Personen

Diese dicke Meeresfrüchtesuppe ist eines der traditionellen Gerichte auf der Halbinsel Jaffna, wo jede Familie sie etwas anders zubereitet. Sie wird mit* odiyal*-Mehl angedickt, das aus den Wurzeln junger Palmyrapalmen hergestellt wird. Für viele Familien in Sri Lanka ist* kool *nicht einfach nur ein Gericht, sondern ein Anlass, die Familie und Freunde um den Tisch zu versammeln. Diese Suppe sollte daher immer mit vielen Leuten zubereitet und gegessen werden.

ZUTATEN

- **6 getrocknete rote Chilischoten ohne Stiel**
- **1½ TL schwarze Pfefferkörner**
- **2 EL Tamarindenfruchtfleisch, in 250 ml warmem Wasser eingeweicht**
- **100 g *odiyal*-Mehl**
- **1 kleine ganze Knoblauchknolle, geschält**
- **Salz**
- **3 EL roter *samba*-Reis**
- **300 g Kürbis, geschält und in 2 cm große Würfel geschnitten**
- **350 g Maniok (Cassava) (oder 300 g tiefgefrorener), geschält und in 2 cm große Würfel geschnitten**
- **100 g Bittergurke (Bittermelone), gewaschen, Kerne entfernt und in 1 cm große Stücke geschnitten**
- **16 rohe Riesengarnelen, geschält und entdarmt, mit Kopf und Schwanz**
- **2 kleine Blaue Schwimmkrabben (je etwa 330 g), gewaschen und geviertelt, Eingeweide entfernt**
- **200 g festes weißes Fischfilet (z.B. Wittling), in 4 cm große Stücke geschnitten**
- **200 g Tintenfisch, in 4 cm große Stücke geschnitten**
- **150 g Schlangenbohnen, geputzt und in 3 cm große Stücke geschnitten**
- **15 g Meerrettichbaumblätter (oder Spinatblätter), gewaschen und gehackt**
- **100 g Trockenfisch, über einer Flamme gebräunt, dann in 2 cm große Stücke geschnitten (nach Geschmack)**

ZUBEREITUNG

Die Chilischoten für 1 Stunde in Wasser einweichen. Das Wasser abgießen und die Chilischoten zusammen mit den Pfefferkörnern und 2 EL Wasser in einer Küchenmaschine zu einer glatten Paste verarbeiten.

Aus dem Tamarindenfruchtfleisch wie auf Seite 261 beschrieben Saft herstellen und diesen beiseitestellen. Das *odiyal*-Mehl mit 250 ml Wasser in einer kleinen Schüssel vermengen und 30 Minuten ruhen lassen, bis eine dicke Paste entsteht. Den Knoblauch schälen, mit 2 TL Salz in einem Mörser zu einer Paste zerreiben und beiseitestellen.

Den *samba*-Reis gut waschen und mit 1,25 l Wasser in einen großen Suppentopf geben. Zum Kochen bringen, die Temperatur verringern und 25 Minuten zugedeckt köcheln lassen. Kürbis, Maniok, Bittergurke und 1 TL Salz hineingeben und alles zugedeckt weitere 5 Minuten köcheln lassen, bis das Gemüse und der Reis weich sind. Garnelen, Krabbenstücke, Fisch, Tintenfisch, Schlangenbohnen, Meerrettichbaumblätter oder Spinat hinzufügen und mit etwa 500 ml Wasser auffüllen, sodass alles von Flüssigkeit bedeckt ist. Zum Kochen bringen, die Temperatur verringern und 5 Minuten zugedeckt köcheln lassen.

Die Chilipaste, die Knoblauchpaste und den gerösteten Trockenfisch (je nach Geschmack) ebenfalls in den Topf geben. Vorsichtig umrühren und weitere 2 Minuten köcheln lassen. Zum Schluss die Paste aus *odiyal*-Mehl hineingeben, vorsichtig umrühren, bis sie sich aufgelöst hat, dann den Tamarindensaft zugießen. 2 Minuten köcheln lassen, bis die Suppe dick und glänzend ist. Mit Salz abschmecken, den Topf vom Herd nehmen und die Suppe in kleinen Schälchen oder in halben Kokosnuss-Schalen servieren.

KRABBEN-CURRY

Für 4 Personen

Die Halbinsel Jaffna ist berühmt für ihr reiches Vorkommen an Meeresfrüchten und bei einem Besuch der Region sollte man unbedingt das berühmte Krabbencurry probiert haben. Wir haben dieses Curry über offenem Feuer in Baminis Garten gekocht, und der Geschmack war unvergleichlich. Bereiten Sie sich darauf vor, dass der Verzehr kaum ohne Kleckern auskommen wird, aber ich kann Ihnen versichern, dass es sich lohnt.

ZUTATEN

4 Blaue Schwimmkrabben (je etwa 400 g) (oder 2 lebende Mangroven- oder Schlammkrabben, je etwa 800 g)

4 Knoblauchzehen, geschält und in dünne Scheiben geschnitten

1 Stk. Ingwer (2 cm), geschält und in dünne Scheiben geschnitten

Salz

1 EL neutrales Pflanzenöl

1 rote Zwiebel, geschält und in dünne Scheiben geschnitten

1–2 dünne grüne Chilischoten, geputzt und längs halbiert (nach Geschmack)

3 Strauchtomaten, gewaschen und gewürfelt

1 TL Fenchelsamen

1 TL Bockshornkleesamen

2 TL getrocknete Chilistücke

1 TL ungeröstetes Chilipulver

375 ml Kokosmilch

etwa 45 Curryblätter

Saft von ½ Limette

ZUBEREITUNG

Bei Verwendung von lebenden Mangroven- oder Schlammkrabben diese 1–2 Stunden in den Gefrierschrank legen, sodass sie völlig betäubt sind, bevor sie zerteilt werden. Die dreieckige Klappe auf der Unterseite der Krabben entfernen und entsorgen, dann den Kopf ablösen und ihn später zusammen mit dem Rest der Krabbe kochen. Die Kiemen und allen gelblichen Schlick entfernen. Die Krabben waschen, halbieren und die großen Scheren abziehen. Mit dem Rücken eines großen Messers auf die Scheren klopfen, bis sie Risse bekommen, durch die beim Kochen dann die Flüssigkeit eindringen kann. Die Krabbenstücke waschen und zur Seite stellen.

Knoblauch, Ingwer und 1 TL Salz in einem Mörser zu einer Paste zermahlen. Das Öl in einem großen Wok oder einer Pfanne mit schwerem Boden erhitzen und die Zwiebel bei mittlerer Temperatur 3 Minuten braten. Gegebenenfalls die Chilischoten und die Knoblauch-Ingwer-Paste hinzufügen und alles 1 Minute erhitzen. Tomaten, Fenchelsamen, Bockshornkleesamen, Chilistücke und Chilipulver unterrühren, alles 1 Minute kochen. Dann die Kokosmilch, die Curryblätter und die Krabbenstücke hineingeben und weitere 10 Minuten köcheln lassen, bis die Sauce sämig geworden und stark reduziert ist. Die Krabben regelmäßig wenden. Vom Herd nehmen, mit Limettensaft und Salz abschmecken.

GRÜNES KOKOS-CHUTNEY

Für 6 Personen als Beilage

Als Bamini dieses Chutney herstellte, wusste ich sofort, dass ich es liebe. Denn ich bin ein großer Fan von frischer Kokosnuss. Sobald es fertig war, löffelte ich es direkt aus der Schüssel.

FÜR DAS CHUTNEY

- **¾ EL Tamarindenfruchtfleisch, in 60 ml warmem Wasser eingeweicht**
- **neutrales Pflanzenöl**
- **60 g lange grüne Chilischoten, geputzt und längs halbiert**
- **1 Prise Kreuzkümmelsamen**
- **330 g Kokosnuss, frisch geschabt**
- **1 TL Salz**

FÜR DIE SAUTIERTEN ZWIEBELN

- **60 ml neutrales Pflanzenöl**
- **1 TL schwarze Senfkörner**
- **½ rote Zwiebel, geschält und in dünne Scheiben geschnitten**
- **2 TL Kreuzkümmelsamen**
- **½ TL Bockshornkleesamen**
- **etwa 15 Curryblätter**
- **2 getrocknete lange rote Chilischoten ohne Stiele, gehackt**

ZUBEREITUNG

Aus dem Tamarindenfruchtfleisch wie auf Seite 261 beschrieben Saft herstellen und diesen beiseitestellen. Einen kleinen Wok zu einem Drittel mit Öl füllen und auf etwa 150 °C erhitzen (ein hineingegebener Weißbrotwürfel sollte in 35 Sekunden braun werden). Die Chilischoten 1 Minute darin frittieren. Mit einem Schaumlöffel herausnehmen.

Zusammen mit den Kreuzkümmelsamen, 120 g des Kokosfleischs und 60 ml Wasser in einer Küchenmaschine zu einer Paste verarbeiten. Das restliche Kokosnussfleisch mit 125 ml Wasser in der Küchenmaschine zu einer dicken Paste verarbeiten, die Chili-Kokospaste hinzufügen und vermischen. Tamarindensaft und Salz hinzufügen und mixen, bei Bedarf etwas Wasser zugießen. Es sollte leicht flüssig sein. Alles in eine Schüssel geben und beiseitestellen.

Für die sautierten Zwiebeln das Öl in einem kleinen Wok bei mittlerer Temperatur erwärmen und die Senfkörner dazugeben. Wenn sie beginnen aufzupoppen, die Zwiebel hinzufügen und alles 2 Minuten sautieren, bis die Zwiebelscheiben glasig sind. Die Kreuzkümmelsamen, Bockshornkleesamen, Curryblätter und getrockneten Chilischoten dazugeben und alles 2–4 Minuten unter ständigem Rühren erhitzen, bis die Zwiebeln gold- bis dunkelbraun sind. Vom Herd nehmen und durch ein Sieb abtropfen lassen. Die Hälfte der sautierten Zwiebeln zur Chili-Kokospaste hinzufügen und vermischen. In eine Schüssel geben und mit dem Rest der Zwiebeln garnieren. Mit *idli* (siehe Seite 213) oder *thosai* (siehe Seite 228) servieren.

IDLI

Ergibt 20 Stück

Mit diesen lockeren Pfannkuchen, die aus Urdbohnen- und Reismehl hergestellt werden, lassen sich Saucen hervorragend tunken. Bamini verwendet Grieß anstelle von Reismehl, was ihre* idli *besonders weich macht. Mit der Zubereitung muss einen Tag vorher begonnen werden. Außerdem benötigt man einen* idli*-Dampfgarer, der in manchen Asia-Läden erhältlich ist. Zum Glück hat Bamini mir ihren Dampfgarer als Abschiedsgeschenk gegeben.

ZUTATEN

55 g ganze Urdbohnen (oder schon fertig geschälte Urdbohnen)
285 g grober Grieß
1 TL Natron
¼ TL Salz
neutrales Pflanzenöl

ZUBEREITUNG

Die Urdbohnen 8 Stunden in 250 ml Wasser einweichen (auch die geschälten Urdbohnen). Waschen und das Wasser abgießen. Bei der Verwendung von ganzen Urdbohnen die äußere Schale durch Reiben und Drücken mit den Händen entfernen. Die Schalen entsorgen und nur die weißen Bohnen verwenden. Die geschälten Bohnen in einer Küchenmaschine mit 185 ml Wasser zu einer dicken, feinen Paste verarbeiten. In der Maschine lassen.

Einen Bambus-Dampfgarer mit zwei Schichten Musselin-Stoff oder einem Stück Backpapier auslegen. Den Grieß in den Dampfgarer geben und diesen mit dem Deckel verschließen. Einen Wok zu einem Drittel mit Wasser füllen und dieses zum Kochen bringen. Den Dampfgarer in den Wok stellen, darauf achten, dass sein Boden das Wasser nicht berührt. Die Temperatur verringern, sodass das Wasser köchelt und den Grieß 4 Minuten dämpfen. Dann den Grieß und etwa 185 ml Wasser zu der Bohnenpaste in die Küchenmaschine geben und alles gut miteinander vermischen (die Konsistenz sollte dickflüssig sein). Die Masse in eine große Schüssel geben, mit Frischhaltefolie und einem Küchenhandtuch abdecken und an einem warmen Ort 8 Stunden oder über Nacht fermentieren lassen.

Danach das Natron in 1 EL Wasser auflösen und zusammen mit dem Salz zu der Grießmischung geben. Gut umrühren. Wenn nötig, tropfenweise noch etwas Wasser hinzufügen. Die Konsistenz des Teigs sollte dickflüssig sein. Zum Dämpfen der *idli* die Platten des *idli*-Dampfgarers leicht mit Öl auspinseln, mit Teig füllen, den Garer verschließen und 10–15 Minuten dämpfen. Um zu testen, ob die *idli* gar sind, einen mit einem Löffel herausnehmen, in eine Handfläche legen und mit der anderen Hand leicht darauf klopfen. Wenn er nicht eingedrückt bleibt, ist er fertig. Die übrigen *idli* mit einem Löffel aus den Formen nehmen. Warm mit *sambar* (siehe Seite 217) und grünem Kokos-Chutney (siehe Seite 212) servieren.

SAMBAR

Für 6-8 Personen

Dieser Linseneintopf wird mit* idli *als Frühstück oder zu Mittag gegessen.

FÜR DAS SAMBAR

2 TL Tamarindenfruchtfleisch, in 125 ml warmem Wasser eingeweicht
300 g Kürbis (etwa Hokkaido), geschält, Kerne entfernt und in 3 cm große Würfel geschnitten
300 g lange, dünne hellviolette Auberginen, geputzt und in 3 cm dicke Stücke geschnitten
200 g Schlangenbohnen, geputzt und in 4 cm große Stücke geschnitten
300 g Kartoffeln, geschält und in 3 cm große Würfel geschnitten
350 g Maniok (Cassava) (oder 300 g tiefgefrorener), geschält und in 3 cm große Würfel geschnitten
190 g rote Linsen, gut gewaschen
1½ TL Baminis geröstetes Currypulver (siehe Seite 195)
2 TL ungeröstetes Chilipulver
2 TL gemahlene Kurkuma
2 TL Salz
250 ml Kokoscreme

FÜR DIE SAUTIERTEN ZWIEBELN

125 ml neutrales Pflanzenöl
1 EL schwarze Senfkörner
2 rote Zwiebeln, geschält und in dünne Scheiben geschnitten
1 EL Kreuzkümmelsamen
1 TL Bockshornkleesamen
etwa 45 Curryblätter
3–4 getrocknete lange rote Chilischoten, gehackt
Salz

ZUBEREITUNG

Aus dem Tamarindenfruchtfleisch wie auf Seite 261 beschrieben Saft herstellen und diesen beiseitestellen. Das Gemüse und die roten Linsen in einen Suppentopf geben und mit 1,5 l Wasser aufgießen, sodass alles bedeckt ist. Zum Kochen bringen und bei niedriger Temperatur zugedeckt 10 Minuten köcheln lassen. Gewürze und Salz dazugeben und weitere 5 Minuten ohne Deckel köcheln lassen. Die Kokoscreme und den Tamarindensaft in den Topf geben und alles unter Rühren bis kurz vor dem Siedepunkt erhitzen. Bei Bedarf etwas Wasser zugießen. Es sollte flüssig sein. Kurz vor dem Aufkochen vom Herd nehmen und beiseitestellen.

Für die Zwiebeln das Öl in einem kleinen Wok bei mittlerer Temperatur erwärmen und die Senfkörner dazugeben. Wenn sie beginnen aufzupoppen, die Zwiebeln hinzufügen und alles 5 Minuten sautieren. Die Kreuzkümmelsamen, Bockshornkleesamen, Curryblätter und Chilischoten dazugeben und 3–4 Minuten unter ständigem Umrühren erhitzen. Vom Herd nehmen und durch ein Sieb abtropfen lassen. Die Zwiebeln zum *sambar* geben, verrühren und mit Salz abschmecken. Mit *idli* (siehe Seite 213) und grünem Kokos-Chutney (siehe Seite 212) servieren.

PITTU

Für 4–6 Personen als Beilage

Pittu *ist eine Mischung aus gedämpftem Reismehl und frischer Kokosnuss und eine hervorragende Alternative zu Reis. Da sie wusste, dass ich es mochte, hat Bamini es oft zubereitet und mit Curry oder zum Frühstück mit Jackfrucht serviert.* Pittu *wird normalerweise in einer zylinderförmigen Form gedämpft, aber Bamini bereitet es auf die für die Region typische Weise zu und verwendet einen konisch geformten Korb aus den Blättern der Palmyrapalme, der in einem engen Topf sitzt.*

ZUTATEN

140 g geröstetes rotes Reismehl
140 g geröstetes weißes Reismehl
1 Prise Salz
250 ml kochendes Wasser
240 g Kokosnuss, frisch geschabt, plus 2 EL extra zum Dämpfen

ZUBEREITUNG

Das rote und das weiße Reismehl mit dem Salz in einer großen Schüssel vermischen. Das kochende Wasser tropfenweise in das Mehl geben, dabei ständig mit einem Holzlöffel rühren, bis die Mischung an kleine Semmelbrösel erinnert. Um zu testen, ob die Mischung genügend Wasser enthält, eine kleine Menge mit der Hand zusammendrücken – die Masse sollte zusammenhalten, ohne auseinanderzufallen.

Auf eine große Platte geben, das Kokosnussfleisch hinzufügen und mit den Fingern unterkneten. Mit der Rückseite eines großen Löffels eventuell entstandene Klumpen zerdrücken.

Auf den Boden eines Palmyra-Korbs 1 EL des zusätzlichen Kokosfleisches geben, dann die Hälfte der Reismehl-Kokos-Mischung locker hineinfüllen. Nicht drücken, damit die Masse nicht zusammenklebt. Den Korb in einen *pittu*-Dampfgarer stellen, den Deckel schließen und 5–10 Minuten dämpfen. Um zu prüfen, ob die Masse gar ist, mit den Fingerspitzen leicht auf die Oberfläche klopfen, wenn sie eingedrückt bleibt, ist sie fertig. Aus dem Dampfgarer auf einen Teller geben. Das Ganze mit der restlichen Masse wiederholen und zu einem Curry servieren.

ANMERKUNG: Palmyra-Körbe und *pittu*-Dampfgarer sind in auf singhalesische und indische Lebensmittel spezialisierten Asia-Läden erhältlich. Ersatzweise kann man auch ein konisch geformtes, feinmaschiges Sieb mit Musselin-Stoff auslegen und in einen tiefen Topf mit kochendem Wasser hängen. Dabei darauf achten, dass der Boden des Siebes nicht in Kontakt mit dem Wasser kommt.

CERTAIKKAI

Für 4–6 Personen als Snack

Dies ist eine Süßigkeit aus Sesam, für die Valvettithurai berühmt ist und die es in anderen Teilen von Sri Lanka nicht gibt. Wenn wir sie zubereitet haben, konnten wir nicht erwarten, sie zu probieren – sie sind einfach köstlich und machen süchtig!

ZUTATEN

¾ EL getrocknete Mungbohnen
120 g feines weißes Reismehl
1½ EL geröstetes Urdbohnenmehl
100 g weißer Sesam
125 ml Kokoscreme
80 ml Kokosmilch
500 ml neutrales Pflanzenöl
440 g Zucker

ZUBEREITUNG

Die Mungbohnen in einer Pfanne mit dickem Boden bei mittlerer Temperatur 4 Minuten rösten. Leicht abkühlen lassen und in einem Mörser (oder einer Gewürzmühle) zu einem feinen Pulver zermahlen. In eine Schüssel geben, mit dem Reis- und dem Urdbohnenmehl vermengen.

Die Mehlmischung in eine große Schüssel sieben und mit dem Sesam vermischen. Kokoscreme und Kokosmilch in einem kleinen Topf bei mittlerer Temperatur bis kurz vor dem Siedepunkt erhitzen. Vom Herd nehmen und in die Schüssel mit der Mehl-Sesam-Mischung gießen. Mit einem Holzlöffel rühren, bis sich die Zutaten verbinden, dann mit den Händen zu einem geschmeidigen Teig kneten.

Etwa ½ EL des Teigs in die Hand nehmen und einige Male zusammendrücken, bis etwas Öl aus dem Sesam kommt. Zu einer 8 cm langen und 1 cm dicken Rolle rollen. Davon kleine Stücke Teig abreißen und zu kleinen, haselnussgroßen Kugeln formen. Darauf achten, dass die Oberfläche glatt und ohne Risse ist. Ebenso mit dem restlichen Teig verfahren.

Das Öl auf etwa 150 °C erhitzen (ein hineingegebener Weißbrotwürfel sollte in 35 Sekunden braun werden). Die Teigkugeln in zwei Portionen jeweils 3–4 Minuten darin frittieren, bis sie goldbraun sind. Mit einem Schaumlöffel herausnehmen, auf Küchenpapier abtropfen lassen und zum Abkühlen in eine große tiefe Schüssel geben.

Für den Sirup 250 ml Wasser in einem kleinen Topf zum Kochen bringen, den Zucker hineinrühren und die Temperatur verringern. Etwa 20 Minuten köcheln lassen, bis die Mischung etwa auf die Hälfte reduziert ist. Vom Herd nehmen und den Sirup noch heiß langsam über die Sesamkugeln geben. Mit einem Holzlöffel alles gut umrühren, sodass alle Kugeln gleichmäßig mit dem Sirup bedeckt sind. So lange rühren, bis der Sirup vollständig aufgesogen ist, damit die Sesamkugeln nicht zusammenkleben. Vor dem Servieren abkühlen lassen.

RASAVALLI-PUDDING

Für 6 Personen

Dieses Dessert ist eine regionale Spezialität aus einer* rasavalli *genannten lilafarbenen Yamswurzel, die auf der Halbinsel Jaffna wächst. Als Bamini dieses Gericht zum ersten Mal zubereitet hat, war ich wegen der ungewöhnlichen violetten Farbe etwas skeptisch, aber der Geschmack war einfach himmlisch. Das fand Bamini offensichtlich auch, denn ich habe sie dabei erwischt, wie sie genüsslich den Holzlöffel abgeleckt hat!

ZUTATEN

550 g *rasavalli* (oder 500 g tiefgefrorene *rasavalli*), geschält und in 1,5 cm große Würfel geschnitten

50 g Sago

110 g Zucker

250 ml Kokoscreme

250 ml Kokosmilch

1 TL geröstetes Urdbohnenmehl

ZUBEREITUNG

Die *rasavalli*-Würfel in einen großen Topf geben, mit Wasser bedecken und alles aufkochen. Die Temperatur verringern und 10–12 Minuten zugedeckt köcheln lassen, bis die *rasavalli*-Würfel weich sind. Anschließend vom Herd nehmen und die Würfel mit der Rückseite eines Löffels grob zerdrücken.

Den Topf wieder auf den Herd stellen und bei niedriger Temperatur langsam den Sago einrühren. Anschließend den Zucker hinzufügen und dann langsam die Kokoscreme und die Kokosmilch einrühren. Alles aufkochen lassen, die Temperatur so weit wie möglich verringern und 10–12 Minuten kochen, bis der Sago gar und durchsichtig ist (regelmäßig umrühren, damit die Kokosmilch sich nicht trennt und die Masse nicht am Boden des Topfes ansetzt). Das Urdbohnenmehl darüber stauben und gut umrühren. Den Topf vom Herd nehmen und den *rasavalli*-Pudding warm servieren.

EIN TEMPEL-FESTMAHL

Hindu-Festival in Valvettithurai

Die Straßen von Valvettithurai sind in Farben getaucht und es herrscht emsiges Treiben. Heute beginnt das Hindu-Festival, das zu Ehren der Göttin *ammann*, der Schutzherrin des Haupttempels (*kovil*) von Valvettithurai, gefeiert wird. Während des Festivals danken die Gläubigen den Göttern für all das Gute, das sie ihnen im Laufe des Jahres gebracht haben. Die Vorbereitungen laufen schon seit Tagen: Die Straßen wurden mit Wasser gereinigt, mobile Lampen aufgestellt und Schaufenster mit Palmyrapalmen dekoriert. Frauen in leuchtenden Saris sammelten Jasminblüten für ihr Haar, während die Männer letzte Hand an die farbenprächtigen Banner anlegten, die die Wagen schmücken.

Meine Aufmerksamkeit wird von Rauch angezogen, der aus einem Schuppen hinter dem Tempel aufsteigt, und dem Duft von in Öl gebratenen Gewürzen. An jedem Tag des Festivals wird im *kovil* ein köstliches vegetarisches Mittagessen für Besucher serviert, und es gilt als Segen, dort zu essen. Ich gehe also zu der Küche und trete ein. Hier ist ein halbes Dutzend riesiger Kochkessel mit appetitlich aussehenden Currys aufgestellt und ein älterer Mann hockt vor einem offenen Feuer über drei großen Woks. In einem von ihnen röstet er Senfkörner und Curryblätter, zu denen er geschnittenen Kohl und Kurkuma hinzufügt. Schnell wendet er seine Aufmerksamkeit den anderen beiden Woks zu, in denen heißes Öl schimmert, und wirft in den einen *papadam*-Stücke und in den anderen *curd*-Chilis.

Dann werde ich durch Musik wieder nach draußen gelockt und sehe, wie das Tempelgelände von einer Flut von bunten Saris, Trommeln, Trompeten und Fahnen überschwemmt wird. Ein Priester (*kurrkukal*) singt einen uralten Text, während ein anderer feine Stoffe über eine Statue der Göttin *amman* drapiert, die hoch oben auf einem der Wagen thront. Eine Fackel wird in Kokosöl getaucht und dann angezündet. Die Parade kann beginnen. Die Musiker führen den Zug an, es folgen die von Hand gezogenen Wagen. Alle paar Meter kommen sie zum Stehen und das Singen beginnt von Neuem. Inzwischen haben sie den gesamten *kovil* umrundet und immer mehr Leute scheren aus dem Zug aus und streben zum Speisesaal.

Als immer mehr Leute hineinströmen, folge ich ihnen. Alle sitzen mit untergeschlagenen Beinen in langen Reihen auf dem Fußboden: die Frauen auf der einen Seite und

die Männer auf der anderen. Ein Junge huscht durch die Gänge und legt uns jeweils ein Bananenblatt auf den Schoß, während andere mit einem großen Korb Reis folgen. Dann flitzen Männer mit Gefäßen voller Essen durch die Gänge und teilen Currys und Beilagen aus. Ich bin ein wenig unsicher, vor so einem großen Publikum mit den Händen zu essen, aber bald merke ich, dass niemand von mir Notiz nimmt.

Obwohl das Essen köstlich ist, ist das hier kein entspanntes kulinarisches Erlebnis. Es hat eher etwas von einer Fütterung und nach weniger als 5 Minuten kommen neue hungrige Gläubige hereingeströmt. Ich kann mit dem Tempo nicht mithalten und so wechseln meine Sitznachbarn dreimal, bevor ich mein Bananenblatt zusammenfalte. Es wird schnell weggenommen und durch eine kleine Tasse Mango-*payasam* (Sago) ersetzt. Ich genieße den milden Geschmack, als Gläubige beginnen, abzudecken und den Boden um mich herum zu fegen.

Draußen haben die Wagen mit ihrer Parade durch die Straßen begonnen, ich eile also hinaus. Begleitet vom pulsierenden Rhythmus von Trommeln, Trompeten und Gesang ziehen wir durch die Straßen. Als wir die andere Seite der Stadt erreicht haben, verlasse ich die Prozession und gehe hinüber zu Bamini. Sie hat versprochen, mir die Zubereitung von *thosai* zu zeigen, die sie und Jayamathi heute Abend auf dem Festival verkaufen werden. Sie sind gerade dabei, Tische und Stühle auf der Straße vor Baminis Elternhaus aufzustellen.

Ich helfe bei den Vorbereitungen, werde aber darauf hingewiesen, den Behälter mit dem Auberginen-Curry stehen zu lassen, bis es an der Zeit ist, die *thosai* zuzubereiten. Schließlich stellen wir das Curry auf den Tisch – das Signal, dass Bamini mit dem Verkauf beginnt. Sofort sammeln sich die Leute vor dem Stand. Bamini gibt, ohne ins Schwitzen zu kommen, rhythmisch eine Kelle Teig nach der anderen auf die heißen gusseisernen *roti*-Pfannen (*tavas*). Wie immer ist Jayamathi an ihrer Seite und löffelt lachend Auberginen-Curry auf Teller und gibt einen großzügigen Klecks grünes Kokos-Chutney und etwas von Baminis *thosai podi* dazu.

Ich spüre, dass ich wieder Appetit bekomme und als Jayamathi mir einen Teller mit *thosai* reicht, versammeln sich alle um mich und warten gespannt auf meine Reaktion. Ich reiße ein Stück von dem weichen Pfannkuchen ab und nehme damit die saftigen Auberginen auf. Ich habe in Sri Lanka viele *thosai* gegessen, aber das hier sind die besten, die ich jemals probiert habe. Die Aromen sind unvergleichlich: Die würzige, gebratene Aubergine und der scharfe *podi* ergänzen das kühle Kokos-Chutney und den saftigen Pfannkuchen hervorragend.

Bamini erklärt mir, dass das Geheimnis ihrer *thosai* darin liegt, dass sie keine Phase der Zubereitung abkürzt. Sie verbringt Tage damit, den Teig auf traditionelle Weise herzustellen: Zunächst weicht sie die Urdbohnen zusammen mit den Bockshornkleesamen ein, um dann in mühevoller Kleinstarbeit die Haut der Bohnen abzuziehen. Dann vermahlt sie die Bohnen zu einer Paste, bevor sie den Teig über Nacht zum Fermentieren stehen lässt.

Als Bamini mir eine weitere Portion reicht, frage ich mich, wie ich diesen Ort jemals wieder verlassen kann. Die Speisen, die ich hier gegessen und die Freundschaften, die ich geschlossen habe, haben mich sehr beeindruckt. Ich verspreche, schon bald wiederzukommen.

THOSAI

Ergibt 18 Stück

Thosai *sind pikante Pfannkuchen aus einem fermentierten Teig aus gemahlenem Reis und Urdbohnen. Bamini verwendet ganze Urdbohnen, das Entfernen der Schale erfordert jedoch sehr viel Zeit und Geduld. Man kann auch bereits geschälte Urdbohnen kaufen – verraten Sie das aber nicht Bamini!* Thosai *werden auf einem* tava, *einem flachen, runden gusseisernen Blech gebraten, das in auf singhalesische und indische Lebensmittel spezialisierten Asia-Läden erhältlich ist. Die Zubereitung dieses Rezepts dauert ein bis zwei Tage und erfordert viel Liebe und Arbeit, aber das Ergebnis ist jede Mühe wert.*

ZUTATEN

- **125 g ganze Urdbohnen (oder schon fertig geschälte Urdbohnen)**
- **1 TL Bockshornkleesamen**
- **125 g weißer *samba*-Reis**
- **100 g roter Reis**
- **300 g Weizenmehl**
- **1 TL Natron**
- **½ TL Salz**
- **neutrales Pflanzenöl**

ZUBEREITUNG

Die Urdbohnen und die Bockshornkleesamen zusammen 8 Stunden in viel Wasser einweichen (auch geschälte Urdbohnen müssen eingeweicht werden). Den *samba*-Reis und den roten Reis getrennt voneinander ebenfalls 8 Stunden einweichen.

Die Bohnen waschen und das Wasser abgießen. Bei der Verwendung von ganzen Urdbohnen die äußere Schale durch Reiben und Drücken mit den Händen entfernen. Die Schalen entsorgen und nur die weißen Bohnen verwenden.

Die Urdbohnen und die Bockshornkleesamen in einer Küchenmaschine zerkleinern und dabei langsam etwas Wasser hinzugießen, sodass eine dicke cremige Paste entsteht. Den *samba*-Reis ebenfalls in der Küchenmaschine zerkleinern und dabei langsam etwas Wasser zugießen, bis eine dicke Paste entsteht. In eine große Schüssel mit der Urdbohnenpaste geben. Das Gleiche mit dem roten Reis wiederholen, wobei diese Paste sehr weich sein muss (aber nicht flüssig), damit die *thosai* beim Braten die richtige Struktur erhalten. In die Schüssel zu den anderen Pasten geben und alles gut vermischen. Die Schüssel muss etwa doppelt so viel fassen können, wie die zusammengerührten Pasten ergeben, da der Teig bei der Fermentierung aufgeht.

Das Mehl und das Natron hineinsieben, mit einem Schneebesen oder Holzlöffel unterrühren und dabei tropfenweise so viel Wasser hinzugeben, dass eine weiche, dicke Paste entsteht. Mit Frischhaltefolie und einem Küchenhandtuch abdecken und zum Fermentieren 8 Stunden an einen warmen Ort stellen.

Wenn der Teig fermentiert ist, das Salz hinzugeben. Unter Rühren nach und nach etwas Wasser hinzugeben. Die Konsistenz sollte dickflüssig, aber nicht zu flüssig sein. Bei Bedarf etwas mehr Mehl oder Wasser unterrühren.

Eine *tava* oder große gusseiserne Pfanne bei mittlerer Temperatur erwärmen und mit etwas Öl bestreichen. Wenn die *tava* heiß ist, schnell eine Kelle Teig in Form einer Spirale hineingeben und diesen sofort mit der Rückseite der Kelle nach außen ziehen und glätten, sodass ein dünner runder Pfannkuchen (16–18 cm Durchmesser) entsteht. Diesen 1–2 Minuten braten, bis sich kleine Blasen bilden und die obere Seite des *thosai* fast gar ist. Mit einem Pfannenwender vorsichtig wenden und noch einmal 1 Minute braten, bis er goldbraun ist. Sobald ein *thosai* fertig ist, auf einen Teller legen und warm halten, während der Rest gebraten wird. Dabei die *tava* jedes Mal neu mit Öl einstreichen.

Zum Servieren zwei *thosai* auf einen Teller legen und einige Esslöffel Auberginen-Curry (siehe Seite 233) in die Mitte geben. Dazu einen Löffel grünes Kokos-Chutney (siehe Seite 212) geben und alles großzügig mit *thosai podi* (siehe Seite 232) bestreuen.

THOSAI PODI

Ergibt etwa 280 g

Diese geröstete Gewürzmischung wird über* thosai *und manchmal auch über* idli *gestreut. Das Rezept hat Bamini von ihrer* amma *bekommen. Dies ist eine der besten Gewürzmischungen, die ich jemals probiert habe, und Baminis* thosai *wären ohne sie unvollständig. Obwohl das eigentlich nicht üblich ist, streue ich sie auch gerne über Currys.

ZUTATEN

320 g Kokosnuss, frisch geschabt
50 g roter Reis
55 g Urdbohnen
15 getrocknete rote Chilischoten ohne Stiele, grob gehackt
1 EL Fenchelsamen
3 TL schwarze Pfefferkörner
1½ TL Salz

ZUBEREITUNG

Einen Wok oder eine große Pfanne mit schwerem Boden bei mittlerer Temperatur erhitzen und das Kokosnussfleisch unter ständigem Rühren 7–8 Minuten rösten, bis es gold- bis dunkelbraun ist. Zum Abkühlen beiseitestellen. Den roten Reis und die Urdbohnen getrennt voneinander jeweils 4 Minuten in der Pfanne rösten und ebenfalls zum Abkühlen beiseitestellen.

Den roten Reis in einem Mörser (oder einer Gewürzmühle) zu einem feinen Pulver zermahlen und in eine große Schüssel geben. Die Urdbohnen zu einem groben Mehl zerstampfen und in die Schüssel zu dem Reispulver geben. Die getrockneten Chilischoten, Fenchelsamen, Pfefferkörner und Salz grob zermahlen und ebenfalls in die Schüssel geben. Das geröstete Kokosnussfleisch hinzufügen und alles verrühren. Die Mischung ist in einem luftdichten Behälter 2–4 Wochen haltbar.

FRITTIERTES AUBERGINEN-CURRY

Für 6 Personen

Dieses einfache Auberginen-Curry passt hervorragend zu* thosai*, aber auch zu gedämpftem Reis. Dafür eignen sich lange, dünne Auberginen am besten, die beim Braten nicht auseinanderfallen.

ZUTATEN

800 g lange, dünne hellviolette Auberginen, gewaschen
500 ml neutrales Pflanzenöl plus 1 EL extra
250 ml Kokosmilch
125 ml Kokoscreme
2 TL Baminis geröstetes Currypulver (siehe Seite 195)
1 TL Salz
1 rote Zwiebel, geschält und in dünne Scheiben geschnitten
1 TL schwarze Senfkörner
½ TL Fenchelsamen
½ TL Kreuzkümmelsamen
etwa 15 Curryblätter
Saft von 1 Limette

ZUBEREITUNG

Die Auberginen längs vierteln, den Stiel entfernen und das Fruchtfleisch in 3 cm große Stücke schneiden. Das Öl in einem kleinen Wok bei mittlerer Temperatur auf etwa 180 °C erhitzen (ein hineingegebener Weißbrotwürfel sollte in 15 Sekunden braun werden). Die Auberginen darin in fünf oder sechs Portionen jeweils 4–5 Minuten frittieren. Mit einem Schaumlöffel herausnehmen und auf Küchenpapier abtropfen lassen.

Das Öl entsorgen und den Wok mit Küchenpapier auswischen. Wieder bei mittlerer Temperatur erwärmen. Kokoscreme und Kokosmilch hineingießen, Currypulver und Salz unterrühren. Bis kurz vor dem Siedepunkt erhitzen, die Temperatur verringern und 5 Minuten köcheln lassen. Vom Herd nehmen.

Das restliche Öl bei niedriger bis mittlerer Temperatur in einem Tontopf oder einem Topf mit schwerem Boden erhitzen und die Zwiebel 3–4 Minuten braten, bis sie goldbraun ist. Die Senfkörner, Fenchelsamen, Kreuzkümmelsamen und Curryblätter hinzufügen und alles 1 Minute weiterbraten. Die Auberginen, die Kokosmilch-Mischung und 2 EL Wasser vorsichtig unterrühren. Die Temperatur verringern und alles 5 Minuten köcheln lassen. Vom Herd nehmen und den Limettensaft unterrühren. Vor dem Servieren 10 Minuten ruhen lassen. Mit *thosai* (siehe Seite 228) und grünem Kokos-Chutney (siehe Seite 212) servieren und großzügig mit *thosai podi* (siehe Seite 232) bestreuen.

HUNGER AUF VERÄNDERUNG

Pater Damian

Ich erwache durch Kinderlachen vor meinem Zimmer. Die Sonne ist gerade aufgegangen, aber die Kinder von Point Pedro sind schon seit Stunden wach. Ich bin hierhergekommen, um das *Anjali Aham* zu besuchen, ein Beratungs- und Jugendfreizeitzentrum, das von einem tamilischen katholischen Priester geleitet wird. Ich gehe nach unten und treffe auf jede Menge spielende Kinder. Als Pater Damian hereinkommt, laufen sie zu ihm hin und stellen ihm alle dieselbe Frage: »Guten Tag, Pater, was gibt es heute?«

Heute ist ein besonderer Tag in *Anjali Aham.* Es ist Samstag und für die Kinder wird ein kostenloses Mittagessen zubereitet. Das Wissen, heute eine Mahlzeit zu erhalten, ist der Grund für die Aufregung. Mehrere Frauen aus dem Ort kommen mit riesigen Töpfen und Körben voller frischer Produkte herein. Die Lebensmittel wurden mit Geldern der *MJF Charitable Foundation* gekauft, die das wöchentliche Mittagessen sponsert. Heute gibt es *kanji*, einen süßen Reisbrei aus rotem Reis, Mungbohnen, Kokosmilch und einer Mischung aus sieben gesunden Blattgemüsesorten.

Im Handumdrehen sind gewebte Matten unter dem Mangobaum im Vorgarten ausgerollt und die Frauen machen sich an die Arbeit. Sandradevi, die älteste Frau aus der Gruppe, hat ganz offensichtlich die Leitung. Während sie das Feuer anfacht, beginnen die jüngeren Frauen mit dem Hacken der riesigen Gemüseberge. Trotz der großen Mengen an Essen, die sie zubereiten, sehen die Frauen ganz entspannt aus und schwatzen und lachen während des Kochens.

Als ich das erste Mal von *Anjali Aham* gehört habe, war ich überrascht, dass es hier so etwas gibt. Aber der akute Bedarf an einem Zentrum für psychologische Beratung zur Behandlung der Traumata, die der Krieg und der Tsunami hinterlassen haben, ist riesig. Dieses Zentrum wurde 2006 von den Missionaren des Ordens der Oblaten der Unbefleckten Jungfrau Maria (OMI Jaffna) gegründet und wird von Pater Damian geführt, einem freundlichen Mann, der sein Leben der Hilfe für andere gewidmet hat.

Pater Damian erklärt mir, dass soziale Stigmatisierung ein großes Problem in der Gemeinde sei. »Viele der Frauen haben ihre Männer im Krieg verloren und brauchten vorher nie außerhalb ihres Hauses zu arbeiten.« Es bedeute eine große

Schande, aber sie müssen arbeiten, um ihre Kinder versorgen zu können. »Klatsch und Tratsch kann sehr schädlich sein und wir versuchen einige dieser Einstellungen zu ändern.« Pater Damian und sein Team aus acht Psychologen und fünf Lehrern arbeiten mit verwitweten Frauen und verwaisten Kindern zusammen. »Ich möchte mit diesen Familien arbeiten«, erklärt er. »Aber die eigentliche Arbeit hat gerade erst begonnen. Es ist noch so viel zu tun.« Auf die Sonnabende freut sich Pater Damian besonders, und seine Augen leuchten, wenn er von dem kreativen Kunstprogramm für die Kinder berichtet, das unter anderem Tanzen, Singen und Malen umfasst. »Das ist für mich das Wichtigste … es lässt den Schrecken in den Hintergrund rücken.«

Auf das heute zubereitete Mittagessen freut sich die ganze Gemeinde und jeder schaut mal herein. Als die letzten Zutaten in das *kanji* gerührt werden, waschen die älteren Kinder die Schüsseln aus und setzen die Kleineren ordentlich hin. Nun kommt eine Gruppe jüngerer Frauen herein und ich erfahre, dass es die Lehrerinnen der Kinder sind, die an ihrem freien Tag hierherkommen, um beim Austeilen des Essens zu helfen. Die Frauen bestehen darauf, dass ich zuerst mit den jüngeren Kindern esse. Ich weiß, dass dies eine landesübliche Ehre ist, und setze mich hin. Schon bald wird es ruhig und ich höre nur noch den Klang der Löffel in den Schüsseln. Das *kanji* ist warm, cremig, süß und gleichzeitig auch nahrhaft.

»Auf das heute zubereitete Mittagessen freut sich die ganze Gemeinde und jeder schaut mal herein.«

Nach dem Essen laufen die Kinder auf die Straße zum Spielen, während ich bleibe, um mich mit den Lehrerinnen zu unterhalten. Jasintha, die am besten Englisch kann, übersetzt mir die Fragen, an die ich mich während meiner Reisen schon gewöhnt habe: »Wie viele Kinder hast du? Bist du verheiratet? Warum nicht? Du brauchst einen guten singhalesischen Ehemann! Meine Tante hat einen Sohn, der eine ausländische Ehefrau sucht …«

Pater Damian sieht, dass ich von den Frauen ins Kreuzverhör genommen werde, und bittet mich, zu ihm nach drinnen zu kommen. Wir sitzen am Küchentisch und genießen frisch gepflückte Mangos. Er erzählt mir, dass *Anjali Aham* »Dienst an Gott und den Menschen« bedeutet. »Aber hier geht es nicht um Religion«, fügt er schnell hinzu. »Hier gibt es zu viel zu tun, als dass man sich darum kümmern könnte, wer welchen Glauben hat.«

Die meisten der Frauen und Kinder, die nach *Anjali Aham* kommen, sind Hindi, und Pater Damian respektiert das. Ich bin kaum überrascht, als ich erfahre, dass sein engster Freund der örtliche Hindupriester ist. In Point Pedro scheinen alle für ein gemeinsames Ziel zusammenzuarbeiten. Dieses besteht darin, die örtliche Gemeinschaft wieder aufzubauen.

POINT-PEDRO-KANJI

Für 6 Personen

Kanji *ist eine Art Reisbrei und ein Grundnahrungsmittel in ganz Sri Lanka. Er ist cremig und süß und wird mit gesundem Blattgemüse zubereitet und warm serviert. Die Sri Lanker lieben ihren* kanji *wahnsinnig süß, aber dieses Rezept hat weniger Zucker als die traditionelle Variante.*

ZUTATEN

55 g getrocknete Mungbohnen, über Nacht in Wasser eingeweicht
210 g roter Reis
50 g Blattgemüse wie *gotu kola*, Meerrettichbaumblätter und Spinatblätter (mindestens 2–3 Sorten), gewaschen und fein gehackt
¼ TL Salz
220 g Zucker
125 ml Vollmilch
250 ml Kokoscreme

ZUBEREITUNG

Etwa 1,25 l Wasser in einem großen Topf zum Kochen bringen. Unterdessen das Wasser von den eingeweichten Mungbohnen abgießen. Den roten Reis waschen, mit den Mungbohnen vermischen, noch einmal waschen und das Wasser abgießen. Den Reis und die Bohnen in das kochende Wasser geben. Dabei sollte das Wasser 3 cm über dem Reis stehen. Wieder zum Kochen bringen und dann bei niedriger bis mittlerer Temperatur zugedeckt 15–20 Minuten köcheln lassen.

Wenn der Reis gar ist – er sollte ganz weich sein, bei Bedarf mehr Wasser zugießen –, das Gemüse unterheben, salzen und 1 Minute ohne Deckel köcheln lassen. Den Zucker unterrühren und weitere 3 Minuten köcheln lassen. Dann die Milch und die Kokoscreme hinzugeben und alles gut umrühren. Bei niedriger Temperatur noch einmal 5 Minuten köcheln lassen. Vom Herd nehmen und vor dem Servieren 5 Minuten ruhen lassen. Warm in Schalen servieren.

TAMILISCHES ESSEN FÜR DIE SEELE

Vigneshwaran & Malathi

Die Sonne geht gerade auf, als wir die Stadt Jaffna verlassen und über einen langen schmalen Damm zur Insel Kayts fahren. Von hier aus führt uns ein weiterer Damm zur Insel Punkudutivu. Das umliegende Wasser wimmelt von Fischreusen, dahingleitenden hölzernen Kanus und Fischern, die durch brusthohes Wasser waten, um den Fang der Nacht einzuholen.

Als wir nach Kayts kommen, geht das Wasser in flaches trockenes Grasland über. Wir passieren ausgebrannte Häuser und halten an einer von Wein und Baumwurzeln überwachsenen Sandsteinvilla. Die Haustür fehlt, aber der steinerne Torbogen wirkt einladend. Im Inneren finde ich Reste eines lange vergangenen Lebens: ein rostiges schmiedeeisernes Bettgestell, einen verbogenen Metallstuhl und eine Reihe verkohlter Kochtöpfe.

Von hier aus fahren wir weiter und kommen an einigen farbenfrohen Hindu-*kovils* (Tempeln) und prächtigen katholischen Kirchen vorbei. Einige der Kirchen wurden während der britischen Okkupation erbaut und werden heute noch genutzt. Heute spielen einige Jungen Fußball davor. Man kann sich kaum vorstellen, dass hier noch vor Kurzem Leute in ausgeschachteten Bunkern Zuflucht suchten. Als wir nach Punkudutivu kommen, werden wir kurz an einem Militärkontrollpunkt gestoppt. Wir atmen auf, als wir ohne Probleme weiterfahren können, und kommen an weiteren zerstörten Häusern vorbei. Bei einigen fehlt das Dach, während von anderen nur noch eine Wand oder das Eingangstor steht. Der Anblick ist trostlos und hat gleichzeitig etwas Märchenhaftes.

Wir halten am *Sri Raja Rajeswari Amman Kovil* an, in der Hoffnung, hier ein Frühstück zu bekommen. Es ist der erste Tag des *Amman-Pooja*-Festivals. Vor dem Tempel stehen drei Hütten aus geflochtenen Palmyrapalmblättern. Die Eingänge sind mit Tüten voller Popcorn, würzigen Snacks und Bananenbündeln geschmückt. Ich betrete die mittlere Hütte und sehe zu meiner Überraschung, dass sie mit antiken Möbeln eingerichtet ist. In der Ecke sitzt eine Frau, die über einem Feuer in einem großen Metallkessel *vadai* frittiert. Sie hat ein warmes, einladendes Lächeln und begrüßt mich mit »*Vanakkam!*«, was auf tamilisch »Herzlich willkommen!« bedeutet.

CRISTAL

Im Handumdrehen bringt sie mir einen Teller mit noch heißen *vadai*. Ganz begierig nehme ich einen und beiße hinein. Das knusprige Äußere umschließt eine weiche, dampfende Mischung aus *dal*, Fenchelsamen, Curryblättern und Chili. Zusammen mit einer Tasse heißem Milchtee haben sie einen hohen Suchtfaktor. Ich weiß sofort, dass ich hier nicht ohne das Rezept weggehen kann, und begebe mich in die Ecke, wo das Essen zubereitet wird.

Sofort werde ich in die Arbeit einbezogen. Ich rolle Kugeln aus der *vadai*-Mischung, drücke sie zu flachen Scheiben und lasse sie in Woks mit heißem Öl gleiten. Während des Kochens erfahre ich, dass das Paar, das diesen Stand betreibt, Vigneshwaran und seine Frau Malathi, seit sechs Jahren Essen auf dem jährlichen Festival verkauft. Dieser Stand ist nur provisorisch und am Ende des Festivals werden sie ihre Hütte wieder abbauen. Ich bin erstaunt zu hören, dass die beiden eigentlich als Hilfsarbeiter arbeiten.

»Im Handumdrehen bringt sie mir einen Teller mit noch heißen vadai. *Ganz begierig nehme ich einen und beiße hinein. Das knusprige Äußere umschließt eine weiche, dampfende Mischung aus* dal, *Fenchelsamen, Curryblättern und Chili. Zusammen mit einer Tasse heißem Milchtee haben sie einen hohen Suchtfaktor.«*

Malathi erklärt mir: »Wir müssen beide arbeiten, denn wir haben drei Mädchen und brauchen für jede eine Mitgift.« Sie sind besonders besorgt um ihre älteste Tochter, die zwanzigjährige Saraniya, denn seit dem Krieg gibt es nur noch wenige junge Männer in Punkudutivu. »Saraniya lebt zurzeit bei meiner Schwester in Batticaloa. Wir halten dort nach einem Mann für sie Ausschau.«

Nachdem ich den gesamten *vadai*-Teig frittiert habe, fangen wir mit den *patties* an. *Patties* sind frittierte pikante Pasteten, die mit Currykartoffeln gefüllt sind, ähnlich wie Samosas. Malathi beginnt damit, Kohl und Zwiebeln zu braten, und fügt dann Fenchelsamen, *rampe*- und Curryblätter und geröstetes Chilipulver hinzu. Wenn die Curryblätter aufplatzen und dabei ein pfeffriges, leicht zitroniges Aroma entfalten, fügt sie die gestampften Kartoffeln hinzu.

Inzwischen rollt Vigneshwaran den Teig für die *patties* mit einer Limonadenflasche aus. Mit einer Metalltasse sticht er kleine Teigkreise aus, füllt einen Löffel Currykartoffeln in die Mitte und faltet sie halbmondförmig zusammen. Wie die meisten Snacks in Sri Lanka, werden sie frittiert, sodass zum Schluss ein goldbraunes, lockeres Gebäckstück entsteht. Das ist Essen für die Seele. Über einem Teller *patties* erzählt mir Malathi, dass sie große Hoffnungen für die Zukunft ihrer Familie hier auf Punkudutivu hat, denn sie hofft, dass weitere Familien zurückkehren werden und die Insel langsam wieder aufgebaut wird.

PARUPPU VADAI

Ergibt 18–20 Stück

Vadai *ist ein in Sri Lanka beliebter pikanter Snack aus frittierten Hülsenfrüchten. Es gibt* paruppu vadai *aus* chana dal *(gespaltene, geschälte Kichererbsen) und* ulundu vadai *aus Urdbohnen. Malathi hat ihre* vadai *aus* chana dal *zubereitet. Sie waren unglaublich lecker, vor allem in Begleitung einer Tasse heißen, süßen Tees mit Milch.*

ZUTATEN

400 g *chana dal*, 4 Stunden in Wasser eingeweicht

1 rote Zwiebel, geschält und fein gehackt

4 Knoblauchzehen, geschält und zu einer Paste gemahlen

4 getrocknete lange rote Chilischoten ohne Stiele, gehackt

½ lange grüne Chilischote, geputzt und fein gehackt

etwa 15 Curryblätter, fein gehackt

1 TL Fenchelsamen

1 TL Kreuzkümmelsamen

1½ TL Salz

etwa 1 EL Weizenmehl (nach Bedarf)

neutrales Pflanzenöl

ZUBEREITUNG

Das Einweichwasser von den *dal* abgießen, waschen und erneut das Wasser abgießen. Die *dal* mit einer Küchenmaschine zu einer groben Paste verarbeiten. In eine große Schüssel geben und beiseitestellen.

Die gehackte Zwiebel einige Sekunden in der Küchenmaschine zerkleinern und dann in eine kleine Schüssel geben. Anschließend die Knoblauchpaste, die getrockneten Chilischoten, die grüne Chilischote, die Curryblätter, die Fenchelsamen, die Kreuzkümmelsamen und das Salz hinzufügen und alles gut verrühren. Nun die Zwiebelmischung zu der *dal*-Paste geben und gut mit den Händen durcharbeiten. Dazu wird kein zusätzliches Wasser benötigt, da die von den Zwiebeln abgegebene Flüssigkeit ausreicht. Falls erforderlich, kann etwas Mehl eingearbeitet werden, um alle Zutaten gut zu binden.

Etwa 1 EL der Mischung in die Handflächen nehmen und zu einer Kugel formen. Diese zwischen den beiden Handflächen zu einer Scheibe mit einem Durchmesser von etwa 6 cm und einer Dicke von 1 cm drücken. Das Ganze mit der restlichen Masse wiederholen.

Einen Wok zu einem Drittel mit Öl füllen und auf etwa 160 °C erhitzen (ein hineingegebener Weißbrotwürfel sollte in 30 Sekunden braun werden). Die *vadai* in mehreren Portionen 4–5 Minuten frittieren, bis sie goldbraun und knusprig sind. Auf Küchenpapier abtropfen lassen und heiß servieren.

GEMÜSE-PATTIES

Ergibt etwa 32 Stück

Auf Sri Lanka sind* patties *mit Currygemüse gefüllte und frittierte Pasteten. Vigneshwaran hatte mir einige* patties *für den Rückweg nach Jaffna eingepackt, aber wir haben es gerade einmal bis zur Straße geschafft, bevor sie alle aufgegessen waren.

FÜR DIE FÜLLUNG

1 EL Kokosöl

200 g Weißkohl, geputzt und fein geschnitten

4 getrocknete lange rote Chilischoten ohne Stiel, gehackt

6 kleine purpurrote Asiatische Schalotten, geschält und fein gehackt

1 TL Fenchelsamen

1 TL geröstetes Chilipulver

½ TL gemahlene Kurkuma

etwa 15 Curryblätter, grob gehackt

1 *rampe*-Blatt (6 cm), gehackt

1 TL Salz, in 1 TL warmem Wasser aufgelöst

1 kg Kartoffeln, gekocht, gepellt und gestampft

neutrales Pflanzenöl

FÜR DEN TEIG

600 g Weizenmehl

1 TL Natron

1 TL Salz

1 EL Kokosöl plus 2 EL extra

250 ml Vollmilch

ZUBEREITUNG

Für die Füllung das Kokosöl in einem großen Topf bei mittlerer Temperatur erhitzen. Den Kohl, die Chilischoten, die Schalotten, die Fenchelsamen, das Chilipulver, die Kurkuma, die Curryblätter und das *rampe*-Blatt hinzufügen und alles 5 Minuten erhitzen. Das Salzwasser hinzufügen und den Topf vom Herd nehmen. Die gestampften Kartoffeln dazugeben und alles miteinander verrühren. Zur Seite stellen und auf Zimmertemperatur abkühlen lassen.

Für den Teig Mehl, Natron und Salz in eine Schüssel sieben. Mit den Händen das Kokosöl untermischen, die Milch zugießen. Den Teig kneten, bis er weich ist. Bei Bedarf ein wenig Wasser zugeben. Zu einer Kugel rollen und mit ein wenig von dem zusätzlichen Kokosöl einreiben.

Die Hälfte des Teigs auf einer leicht bemehlten Fläche 3 mm dick ausrollen. Mit einem Glas Kreise mit 10 cm Durchmesser ausstechen. Einen gehäuften Esslöffel der Füllung in die Mitte jedes Kreises geben und diesen einmal in der Mitte falten. Die Ränder mit den Fingern zusammendrücken. Bei Bedarf die Ränder vorher mit etwas Wasser anfeuchten. Ebenso mit dem restlichen Teig verfahren. Einen Wok zu einem Drittel mit Öl füllen und auf etwa 180 °C erhitzen (ein hineingegebener Weißbrotwürfel sollte in 15 Sekunden braun werden). Die *patties* in Portionen 3–4 Minuten frittieren, bis sie goldbraun sind. Nach der Hälfte der Zeit wenden. Mit einem Schaumlöffel herausnehmen und auf Küchenpapier abtropfen lassen. Heiß oder auch kalt servieren.

VEGETARISCHE ROTI-ROLLEN

Ergibt etwa 15 Stück

Ein weiterer beliebter Snack sind* roti-*Rollen, die aus hauchdünnen Teigblättern hergestellt, mit Currygemüse oder Fleisch gefüllt und zu Dreiecken gefaltet oder einfach gerollt werden. Manchmal werden sie noch paniert und frittiert. Vigneshwaran und Malathi haben ihre* roti-*Rollen mit Kartoffeln und Kohlcurry gefüllt und über offenem Feuer auf einer gusseisernen Platte gebraten.

FÜR DIE FÜLLUNG

1 Portion Gemüse-*patties*-Füllung (siehe Seite 249)

FÜR DEN TEIG

900 g Weizenmehl

1½ TL Salz

60 ml Kokosöl plus etwas extra

ZUBEREITUNG

Die Füllung, wie auf Seite 249 beschrieben, zubereiten und beiseitestellen.

Für den Teig das Mehl und das Salz in eine große Schüssel sieben. Mit den Händen das Kokosöl untermischen und etwa 8 EL Wasser löffelweise hinzufügen. Den Teig weiterkneten, bis er weich und elastisch ist. Bei Bedarf etwas mehr Wasser und Öl hinzugeben, um die richtige Konsistenz zu erreichen. Den Teig in 15 Stücke teilen und jedes zu einer Kugel formen, die etwas kleiner als ein Tennisball ist. Die Kugeln jeweils in Frischhaltefolie wickeln, damit sie nicht austrocknen.

Jede Teigkugel auf der Arbeitsfläche zu einem sehr dünnen Rechteck mit einer Größe von 28×30 cm ausrollen. Das Rechteck so drehen, dass die lange Kante unten liegt. Dann 2 gehäufte Teelöffel der Füllung auf die linke Seite des Teigvierecks geben. Die kurzen Seiten nach innen falten und dann von links zu einer festen Rolle, ähnlich einer Frühlingsrolle, zusammenrollen.

Ein flaches Grillblech oder eine gusseiserne Pfanne bei mittlerer Temperatur erwärmen und leicht mit Öl bepinseln. Die Rollen 4–5 Minuten braten, dabei jeweils nach 1 Minute wenden, sodass jede Seite goldbraun wird. Senkrecht gegeneinander lehnen, um auch die Seiten zu braten. Heiß oder auch kalt servieren.

TVS

GLOSSAR

Alle im Glossar aufgeführten Zutaten sind, wenn nicht anders angegeben, in Asia-Läden und über das Internet erhältlich. In vielen Städten gibt es auch auf indische und singhalesische Lebensmittel spezialisierte Fachgeschäfte. Für sehr spezielle Produkte lohnt es sich, dort einmal nachzufragen.

ajinomoto

Ein in der asiatischen Küche verwendetes Würzpulver zur Geschmacksverstärkung. *Ajinomoto* ist einfach der Markenname für Mononatriumglutamat (MNG). Bei Bedenken kann es auch weggelassen werden.

Asiatische Schalotte, purpurrote

Siehe Zwiebeln.

Basilikumsamen

Die kleinen schwarzen Samen der Basilikumpflanze. Sie quellen durch Einweichen auf und entwickeln einen klebrigen Überzug. Sie werden als Zutat für Getränke und Desserts verwendet. Erhältlich in Asia-Läden und bei Gewürzhändlern.

Bittergurke

Auch als Bittermelone bezeichnet. Sie sieht aus wie eine große Gurke mit einer gefurchten Oberfläche. Die in Sri Lanka verbreitete Sorte hat ausgeprägte Höcker und ist dunkler als die bekannteren südostasiatischen Sorten. Sie ist extrem bitter, wobei ein Blanchieren in kochendem Wasser die Bitterstoffe reduzieren kann.

chana dal

Wird aus geschälten gespaltenen Kichererbsen hergestellt, die an gelbe Spalterbsen erinnern. Man kann auch gelbe Spalterbsen verwenden, die jedoch beim Kochen eher zerfallen.

Chilipulver

Wird aus getrockneten langen roten Chilischoten hergestellt. Es gibt sowohl geröstetes als auch ungeröstetes Chilipulver. Ungeröstetes Chilipulver hat eine leuchtend rote Farbe, während geröstetes Chilipulver eher rot- bis dunkelbraun ist und den Gerichten ein etwas kräftigeres Aroma und eine dunklere Farbe verleiht.

Chilischote, frisch

In diesem Buch kommen drei Sorten frische Chilischoten vor:

dünne grüne Chilischoten: Dünne, knubblige, hellgrüne Chilischoten, die in indischen und singhalesischen Geschäften erhältlich ist. Da sie sehr scharf sind, sollten die in den Rezepten angegebenen Mengen dem jeweiligen persönlichen Geschmack angepasst werden. Als Alternative können auch kleine grüne Chilischoten aus dem Supermarkt verwendet werden.

mittlere grüne Chilischoten: Hellgrüne Chilischoten mit glatter Haut. Sie sind etwas dicker aber kürzer als die dünnen grünen Chilischoten und nicht ganz so scharf. Sie werden etwa zur Herstellung von *curd*-Chilis verwendet.

lange grüne Chilischoten: Sie haben eine dunklere Farbe und sind die mildesten der drei Chilisorten. Es gibt sie in den meisten herkömmlichen Supermärkten.

Chilischote, getrocknet

In den Rezepten werden entweder sonnengetrocknete, ganze rote Chilischoten oder fein gehackte, getrocknete rote Chilischoten, ähnlich wie Chiliflocken, verwendet.

curd

Wird traditionell aus Büffelmilch hergestellt, die erhitzt und abgekühlt und dann in Tontöpfe gefüllt wird. Erinnert an Joghurt. *Curd* mit Melassesirup ist ein beliebtes Dessert in Sri Lanka. Büffel-*curd* ist nicht überall erhältlich, aber mit etwas Glück findet man Büffel-Joghurt, der ihm sehr ähnlich ist. Als Ersatz kann cremiger Naturjoghurt, wie griechischer Joghurt, verwendet werden, am besten in der Vollfettvariante.

Curryblätter

Die frischen Blätter des Currybaums werden in der singhalesischen Küche reichlich eingesetzt. Sie haben ein fruchtiges, volles Aroma und müssen nach dem Kochen nicht entfernt werden, sondern werden einfach mitgegessen. In unseren Gefilden muss man Glück haben, um im Asia-Laden frische Curryblätter zu bekommen. Alternativ können auch getrocknete verwendet werden.

gotu kola

Das auch als Indischer Wassernabel (*centella asiatica*) bekannte grüne Blattkraut hat fächerartige Blätter mit zartem Stiel. Es wird als Heilkraut verwendet und hat einen hohen Stellenwert in der ayurvedischen Medizin. Es ist weltweit in den Tropen und Subtropen verbreitet, bei uns aber oft schwer erhältlich. Lässt sich durch glatte Petersilie ersetzen.

Jackfrucht, jung grün (*polos*)

Noch nicht ganz ausgereifte Jackfrucht. *Polos* haben daher eine längere Garzeit als reife Jackfrüchte. Sie sind in Asia-Läden erhältlich, müssen aber eventuell vorbestellt werden. *Polos* in Dosen sind jedoch eine gute Alternative.

jaggery-Zucker & *jaggery*-Pulver

Unraffinierter Palmzucker, der durch Kochen des Safts von Palmen gewonnen wird. Der aus der Brennpalme (*kithul*) gewonnene ist der süßeste und teuerste *jaggery*, während der aus der Kokospalme und der Palmyrapalme gewonnene der am weitesten verbreitete ist. Er wird in Blöcken verkauft, die abgerieben oder in Stücke geschlagen werden. In Pulverform sieht er wie brauner Zucker aus. *Jaggery* variiert in seiner Farbe von hellem Goldgelb bis Dunkelbraun und hat ein reiches Karamellaroma. Lässt sich durch braunen Zucker ersetzen.

kanda-Blätter

Wachsen am *kanda*-Baum (*macaranga peltata*), welcher im Norden von Thailand, in Sri Lanka und in Indien vorkommt. Werden zum Einwickeln und Dämpfen von Gerichten verwendet, die darin auch serviert werden. Die Blätter sind leuchtend grün mit zarten Adern. Können durch Bananenblätter ersetzt werden.

Kokoscreme und Kokosmilch

Die Flüssigkeit im Inneren der Kokosnuss ist das Kokoswasser und nicht, wie manchmal angenommen wird, die Kokosmilch. Kokosmilch und Kokoscreme werden aus geraspeltem Kokosnussfleisch gewonnen. In Sri Lanka wird Kokoscreme als *erster Extrakt* oder *dicke Kokosmilch* bezeichnet und ist besonders dick und cremig. Kokosmilch ist der *zweite Extrakt* und wesentlich dünner.

Herstellung von Kokoscreme: Das frisch ausgeschabte Kokosnussfleisch von einer Kokosnuss in eine große Schüssel geben, 185 ml kaltes Wasser (oder Kokoswasser) dazugeben und alles gut verrühren. Eine Handvoll des Kokosnussfleisches nehmen und kräftig ausdrücken. Die Flüssigkeit in die Schüssel tropfen lassen. Das ausgedrückte Kokosnussfleisch wieder in die Schüssel geben und erneut umrühren. Diesen Vorgang mehrmals wiederholen, bis sich 125 ml einer

dicken, cremigen Flüssigkeit (Kokoscreme) gebildet haben. Diese durch ein feines Sieb in eine andere Schüssel streichen und beiseitestellen. Den Inhalt des Siebes wieder in die erste Schüssel entleeren, um aus der verbleibenden Kokosnuss Kokosmilch zu gewinnen.

Herstellung von Kokosmilch: Etwa 310 ml Wasser zur übrigen Kokosnuss geben und den oben beschriebenen Vorgang wiederholen, bis sich etwa 375 ml dünnflüssige Kokosmilch gebildet haben. Durch ein feines Sieb abseihen.

Aus der Dose oder als Pulver: Durch die Herstellung eigener Kokoscreme und Kokosmilch erhält man das authentische singhalesische Aroma, das sich von der aus der Dose oder als Pulver erhältlichen Kokosmilch unterscheidet. Da die meisten Leute jedoch keine Zeit haben, eigene Kokosmilch herzustellen, habe ich, wo es möglich ist, die Mengen so angepasst, dass die entsprechenden Erzeugnisse aus der Dose verwendet werden können. Die Konsistenz kann sich jedoch je nach verwendeter Marke unterscheiden, sodass die Menge eventuell angepasst werden muss. Bei der Verwendung von Kokospulver zur Herstellung von Kokoscreme sollten 2 TL Pulver in 250 ml lauwarmem Wasser aufgelöst werden. Für Kokosmilch werden 2 TL Pulver in 500 ml lauwarmem Wasser aufgelöst.

Kokosessig

Wird aus fermentiertem Kokoswasser hergestellt (manchmal aber auch aus dem Saft der Kokospalme). Er ist leicht säuerlich und milchig weiß. Kann auch durch Reisessig ersetzt werden.

Kokosnuss, frisch geschabt

Dafür werden die harten Kokosnüsse mit brauner Schale verwendet. Beim Kaufen von frischen Kokosnüssen sollten diese geschüttelt werden, um zu kontrollieren, ob sie genug Wasser enthalten.

Um an das Kokosnussfleisch zu gelangen, die dicken Fasern entfernen. Die Kokosnuss in der Handfläche über eine große Schale halten, um beim Öffnen der Nuss das Wasser aufzufangen. An der Außenseite der Kokosnuss verlaufen drei Nähte. Sie sehen aus wie Adern. Zunächst mit dem stumpfen Ende eines schweren Hackmessers entlang jeder Naht klopfen, ohne die Nuss jedoch zu öffnen, dabei die Kokosnuss langsam in der Handfläche drehen. Dann die Kokosnuss so in die Hand nehmen, dass die drei Augen zum Daumen hin gerichtet sind. Mit der scharfen Seite des Hackmessers kräftig in die Mitte der Kokosnuss schlagen, bis sie aufspringt. Wenn nötig, mit der Messerspitze die beiden Hälften auseinander drücken.

Den Kokosnussschaber (siehe Küchengeräte Seite 265) sicher an der Arbeitsplatte befestigen und eine Schale unter die Klinge stellen, um das herausgeschabte Kokosnussfleisch aufzufangen. Die Kokosnusshälfte über die Spindel halten und mit der anderen Hand am Griff drehen. So lange drehen, bis das gesamte weiße Fleisch ausgeschabt ist. Aufpassen, dass nicht in die braune Kokosnussschale geschnitten wird. Aus einer mittelgroßen Kokosnuss können etwa 250 g Kokosnussfleisch gewonnen werden.

Kokosöl

Wird aus gepresstem Kokosnussfleisch extrahiert. Kokosöl lässt sich auf höhere Temperaturen als andere pflanzliche Öle gut erhitzen, bevor es seinen Rauchpunkt erreicht. In Asia-Läden ist Kokosöl billiger erhältlich als im Reformhaus. Verlangen Sie aber ausdrücklich Kokosöl zum Kochen und nicht für die Haare!

kokum

Die Frucht des *kokum*-Baumes (*garcinia indica*), auch *goroka* genannt, wird als Säuerungs- und Verdickungsmittel beim Kochen verwendet. Die kleinen, dunkel-lila Früchte haben eine sehr dicke Schale. Diese wird in der Sonne getrocknet, wobei sie schwarz und hart wird. *Kokum* kann Currys ganz zugesetzt und nach dem Kochen entfernt werden. In heißem Wasser eingeweicht wird es nach dem Entfernen der Samen aber auch zu einer Paste verarbeitet. Erhältlich sind die getrockneten Früchte bei manchen Gewürzhändlern. Kann durch Tamarindenfruchtfleisch ersetzt werden.

Lebensmittelfarbe Eigelb *(egg yellow food colour)*

Wird in Wasser aufgelöst und lediglich zur Verbesserung des Aussehens von Gerichten verwendet. Nur sparsam einsetzen, da es hochkonzentriert ist. Es enthält Tartrazin, einen gelben Azofarbstoff, der als Lebensmittelfarbe eingesetzt wird. Doch Vorsicht: Der Stoff kann Allergien verursachen und bei Allergikern Hyperaktivität und Asthma auslösen. Kann einfach durch Safran oder Kurkuma ersetzt werden!

maldive fish

Wichtige Zutat in der singhalesischen Küche. *Maldive fish* ist vorwiegend auf den Malediven hergestellter, getrockneter Thunfisch und der Hauptbestandteil von *seeni sambol*, dem er ein authentisches singhalesisches Aroma verleiht. Er wird aus der Thunfischart Echter Bonito hergestellt, der gekocht, geräuchert und an der Sonne getrocknet wird. Dies verleiht ihm einen salzigen, leicht rauchigen Geschmack und einen starken Geruch. *Maldive fish* wird als Chips, Stücke oder Flocken verkauft, wobei Flocken zu bevorzugen sind, da sie sich am leichtesten im Mörser zermahlen lassen. Die Chips sind härter und müssen in einer Gewürzmühle oder einer Küchenmaschine zerkleinert werden. Lässt sich durch gemahlene, getrocknete Sprotten oder getrocknete Garnelen ersetzen.

Maniok

Auch bekannt als Cassava, hat lange schmale, stärkereiche Wurzeln mit brauner, faserreicher Schale und weißem Fleisch. Die dicke Haut muss vor dem Kochen entfernt werden. Tiefgefrorener Maniok wird bereits geschält verkauft. In Asia-Läden gibt es sowohl frischen als auch gefrorenen Maniok.

Meerrettichbaumblätter

Die kleinen, runden, grünen Blätter des Meerrettichbaums, auch als Trommelstockbaum oder Pferderettichbaum bekannt, die einen leicht bitteren Geschmack haben. Vor dem Kochen müssen die dünnen Stiele von den Blättern entfernt werden. Die Blätter werden in Currys, *dal*-Gerichten und Suppen verwendet oder als Pfannengemüse. In manchen Asia-Läden erhältlich.

Melassesirup

Singhalesischer Melassesirup wird aus der Kokos- oder Brennpalme (*kithul*) gewonnen. Es ist ein dicker, dunkler Sirup, der ähnlich wie Ahornsirup als Süßungsmittel verwendet wird.

Mungbohne

Getrocknete Mungbohnen, auch als *mung dal* bekannt, sind kleine, grüne Bohnen mit einem cremefarbenen Inneren. Sie haben ein mildes Aroma und werden in herzhaften und süßen Gerichten verwendet. Für die Rezepte in diesem Buch werden ganze Mungbohnen verwendet, es gibt sie aber auch als geschälte halbe Bohnen.

odiyal-Mehl

Auch als Palmyra-Mehl bekannt. Wird aus den gemahlenen, getrockneten Wurzeln junger Palmyrapalmen gewonnen. Die getrockneten Wurzeln werden auch als Snack gegessen. Es wird vor allem in der Jaffna-Küche zum Andicken von *odiyal kool* (Meeresfrüchtesuppe) verwendet. Es ist stärkereich und bitter.

rampe-Blätter

Auch als Pandanblätter bekannt. Diese langen, dunkelgrünen Blätter haben einen angenehmen Duft und werden zur Aromatisierung von süßen und herzhaften Gerichten verwendet. Die frischen Blätter werden zu Bündeln in Asia-Läden verkauft.

rasavalli

Eine lilafarbene Yamswurzel, die auf der Halbinsel Jaffna wächst. Tiefgefrorene, geschälte *rasavalli* gibt es in ausgewählten Asia-Geschäften. Lässt sich durch frische asiatische lilafarbene Yams ersetzen.

Reis

roter Reis: Hat einen nussigen Geschmack, einen hohen Gehalt an Ballaststoffen und enthält weniger Stärke als weißer Reis, hat aber eine längere Kochzeit als dieser. Wird unpoliert mit einem Teil der Schale daran verkauft. Es gibt viele verschiedene Arten von rotem Reis und die Wahl der richtigen Sorte ist vielleicht etwas kompliziert. Für die meisten Rezepte in diesem Buch wird Mittelkornreis, sogenannter roter Rohreis verwendet (nicht zu verwechseln mit rotem Basmatireis). Für die Zubereitung von *kanji* oder *kola kenda* wird roter Reis ohne Schale benötigt, da dieser leichter aufbricht.

***samba*-Reis:** Auf Sri Lanka angebauter Reis mit kleinen ovalen Reiskörnern. Er hat einen speziellen Geschmack und einen intensiven Geruch. *Samba*-Reis gibt es als weißen oder roten Reis.

Reismehl

feines rotes Reismehl: Wird aus gemahlenem rotem Reis hergestellt und ist in ausgewählten Asia-Läden erhältlich.

weißes oder rotes geröstetes Reismehl: Wird aus gemahlenem weißem oder rotem Reis hergestellt, der geröstet wurde. Es hat einen etwas stärkeren Duft und ein kräftiges Aroma und eine dunklere Farbe als ungeröstetes Reismehl. Es wird vor allem zur Zubereitung von *pittu* verwendet.

Sago

Granulierte Stärke, die zum Andicken von Speisen wie Süßspeisen oder Saucen verwendet wird. Da die weißen Kügelchen nicht nur in asiatischen Küchen Verwendung finden, sind sie hierzulande auch im Supermarkt oder im Reformhaus erhältlich.

Schlangenbohne

Auch als Meterbohne bekannt. Trägt dünne, sehr lange dunkelgrüne Hülsen. Sie werden zu Bündeln in Asia-Läden verkauft.

Sprotten

Im Ganzen getrocknete kleine Fische. Sie sind salzig und haben einen starken Geruch, verleihen aber vielen Gerichten ein fantastisches Aroma. Versuchen Sie, getrocknete Sprotten ohne Kopf zu bekommen.

Tamarindenfruchtfleisch

Tamarindenfruchtfleisch ist das Fruchtfleisch der Früchte des Tamarindenbaums, auch Sauerdatteln genannt. Wird als Säuerungsmittel verwendet. Sie können auch fertiges Püree oder Mark (Konzentrat) kaufen, aber ich bevorzuge Fruchtfleisch im Block, das noch die Samen enthält. Dieses wird eingeweicht und abgeseiht, um Tamarindensaft herzustellen.

Herstellung von Tamarindensaft

Das Fruchtfleisch 10 Minuten in warmem Wasser einweichen. Über einer Schüssel durch ein Sieb abseihen und mit der Rückseite eines Löffels so viel Fruchtfleisch wie möglich durch das Sieb streichen. Auch das an der Unterseite des Siebes haftende Fruchtfleisch abstreifen und in den Saft geben. Die im Sieb verbliebenen Fasern und Samen entsorgen.

Trockenfisch

Fisch, der filetiert, eingesalzen und an der Sonne getrocknet wurde. Er hat einen beißenden Geruch, verleiht aber verschiedenen Gerichten ein fantastisches Aroma. Am besten verwendet man getrockneten weißen Fisch, der nicht zu dick und nicht zu hart ist. Falls er sehr hart ist, kann er vor dem Zerschneiden 10 Minuten in Wasser eingeweicht werden.

Urdbohne

Die eng mit der Mungbohne verwandte Urdbohne, auch Linsenbohne genannt, wird auf Tamilisch als *ulundu* und auf Hindi als *urad dal* bezeichnet. Sie hat eine dicke schwarze Schale und ein cremeweißes Inneres und wird getrocknet, geschält, als ganze oder halbe Bohne verkauft.

Urdbohnenmehl wird aus gemahlenen Urdbohnen hergestellt. Es wird im Handel geröstet oder ungeröstet angeboten, kann aber auch selbst hergestellt werden. Um das Mehl herzustellen, ganze Urdbohnen waschen und trocknen, dann 4 Minuten in einer Pfanne oder einem Wok mit dickem Boden bei niedriger Temperatur rösten. Leicht abkühlen lassen und in einem Mörser oder einer Gewürzmühle zu einem feinen Pulver zermahlen.

Vermicelli-Nudeln

Dünne, getrocknete Nudeln aus Grieß, die in 1,5 cm lange Stücke gebrochen werden. Sie sind in der asiatischen Küche verbreitet und Bestandteil verschiedener tamilischer Desserts.

Zwiebeln

kleine purpurrote Asiatische Schalotte: Diese purpurroten Zwiebeln sind etwa so groß wie Knoblauchzehen und haben ein mildes, süßliches Aroma. Nicht zu verwechseln mit französischen Schalotten, die goldfarben und wesentlich größer sind.

rote Zwiebel: Die in der singhalesischen Küche verwendeten roten Zwiebeln unterscheiden sich von den europäischen roten Zwiebeln. Sie sind kleiner, blasser und etwas milder im Geschmack.

KÜCHENGERÄTE

Gewürzmühle

In Sri Lanka wird eine schwere Steinplatte mit einem Rollholz verwendet, unter dem die Gewürze zermahlen werden. Ich verwende nur für Gewürze, die zu hart sind, um sie im Mörser zu zerkleinern, eine Gewürzmühle.

idli-Dampfgarer

Ein Edelstahl- oder Aluminiumtopf mit dichtschließendem Deckel, in den zwei oder drei *idli*-Formen mit runden Vertiefungen für den Teig gelegt werden können. In ausgewählten Asia-Läden erhältlich.

kokis-Eisen

Eine Metallform in Form eines Rades, die an einem dünnen Metallstab mit Holzgriff befestigt ist. Dieses Eisen wird zur Herstellung von kleinen, frittierten Kuchen, auf Singhalesisch *kokis* genannt, verwendet. In ausgewählten Asia-Läden erhältlich.

Kokosnussschaber

Es gibt zwei Arten von Kokosnussschabern in Sri Lanka: den traditionellen, mit einer an einem niedrigen Hocker befestigten ovalen Metallspitze, und den weiter verbreiteten mit Metallspindel. Dieser wird mit Klammern an der Arbeitsfläche befestigt und mit einer Kurbel bedient. Sie sind wirklich einfach in der Anwendung. In ausgewählten Asia-Läden erhältlich.

Mörser

Neben einer Gewürzmühle ist meist ein einfacher Holz- oder Steinmörser vollkommen ausreichend. Hierin kann neben Gewürzen auch Trockenfisch zermahlen werden.

pittu-Dampfgarer

In der Region Jaffna wird ein konisch geformter Korb aus den Blättern der Palmyrapalme verwendet. Die andere, weiter verbreitete Variante ist ein Zylinder aus Edelstahl oder Bambus. Dieser wird in einen hohen, schmalen Dampfgarer gestellt. In ausgewählten Asia-Läden erhältlich.

roti-Pfanne

Heißt auf Tamilisch *tava* und auf Singhalesisch *thatiya*. Dieses flache, runde gusseiserne Blech mit Griff wird zur Herstellung von Fladenbrot verwendet. Eine gute Alternative ist eine flache gusseiserne Bratpfanne.

Tontopf

Wird auf Tamilisch als *chatty* und auf Singhalesisch als *hattiya* bezeichnet. Diese tiefen Tontöpfe werden zum Kochen auf offenem Feuer oder auf dem Gasherd verwendet. Erhältlich in ausgewählten Asia-Geschäften. Stellen Sie einen neuen Tontopf über Nacht in kaltes Wasser, bevor Sie damit kochen. Kann durch einen gusseisernen Topf oder eine Pfanne mit dickem Boden ersetzt werden.

Woks

Ich habe mir einen kleinen Wok in einem auf singhalesische und indische Lebensmittel spezialisierten Asia-Laden gekauft. Dieser hat einen flachen Boden (etwa 10 cm Durchmesser) und 7 cm hohe Seiten. Dieser Wok eignet sich hervorragend zum Braten, Rösten, Schmoren und auch zum Zubereiten von Currys als Beilagen. Außerdem verwende ich für größere Mengen gerne einen großen Wok mit zwei Metallgriffen, wie er in der asiatischen Küche verwendet wird.

REGISTER

Fett gedruckte Seitenangeben zeigen bei Gerichten das entsprechende Rezept an und bei Zutaten den Verweis im Glossar.

Bohoma isthuthi / Thank you / Mikka nandri / Vielen Dank

Zunächst einmal möchte ich Merrill J. Fernando, seinen Söhnen Dilhan und Malik, sowie der Firma *Dilmah* für das Sponsoring dieses Buches danken. Vielen Dank, dass Sie mir diese fantastische Möglichkeit gegeben haben. Mein besonderer Dank gilt Dilhan C. Fernando dafür, dass er mir vertraut hat, das Wesen Sri Lankas zu erfassen. Dank auch dem *Dilmah*-Marketing-Team für die freundliche Unterstützung und dafür, dass Sie das Potenzial meines Buches gesehen haben.

Außerdem möchte ich der *MJF Charitable Foundation* für ihre Unterstützung danken und insbesondere für den Kontakt zu einigen Familien. Ich hoffe, dieses Buch wird andere Menschen dazu inspirieren, sich über die fantastische Arbeit der Stiftung zu informieren: www.mjffoundation.org. Ferner möchte ich *Dilmah* Conservation danken.

Ein ganz besonderer Dank gilt Neyome Sathyaseelan, der mich auf meinen Reisen begleitet hat und mir eine Seite von Sri Lanka gezeigt hat, von der ich nicht wusste, dass es sie gibt. Ohne dich hätte ich dieses Buch nicht schreiben können.

Einen tief empfundenen Dank möchte ich an die Menschen von Sri Lanka richten, die mir ihre Häuser und ihre Küchen geöffnet und ihre Geschichten und Rezepte mit mir geteilt haben. Meine größte Herausforderung war, alle Rezepte in diesem Buch unterzubringen.

Danken möchte ich auch meinem Grafiker Hugh Ford, der meine Fotos und Worte zu einem so fantastischen Buch gemacht hat. Die Veröffentlichung eines Buches war für mich eine neue Erfahrung und du warst immer da, um auf meine Fragen zu antworten, und hast mir das Gefühl gegeben, Teil des Gestaltungsprozesses zu sein. Vielen Dank, dass du mein Buch dem Murdoch Verlag angeboten hast — du bist der beste Agent der Welt! Vielen Dank auch an meinen geduldigen Redakteur, Kim Rowney. Du hast mich stets ermutigt und dieses Buch von ganzem Herzen angenommen. Sonia Greig möchte ich für ihre Begeisterung und die schwere Arbeit des Ausprobierens der Rezepte danken. Du hast alles Erdenkliche unternommen, um jedes Rezept perfekt zu machen, einschließlich des sorgfältigen Schälens von Urdbohnen.

Dass mein erstes Buch von Murdoch Books herausgegeben würde, hätte ich mir in meinen wildesten Träumen nicht vorstellen können. Mein besonderer Dank gilt Robert Gorman, Sue Hines, Diana Hill und Claire Grady.

Obwohl die meisten Fotos in Sri Lanka aufgenommen wurden, möchte ich Michelle Noerianto für das Styling der im Studio fotografierten Gerichte danken. Dank auch an Sonia Greig und Peta Dent für das Zubereiten der Gerichte für das Fotoshooting. Und an Spiceland in Sydney, die mich in die Welt der singhalesischen Zutaten eingeführt und mir wertvolle Rezepttipps gegeben haben.

Ganz besonders möchte ich Alan Benson für seine nie endende Unterstützung, seine Zeit, seinen Sachverstand und seine Freundschaft danken. Ich fühle mich privilegiert, einen so hervorragenden Fotografen als Mentor gehabt zu haben.

Ebenso möchte ich allen meinen Freunden für die fantastische Unterstützung danken, insbesondere Amanda. Du hast mich immer ermutigt, meinem Herzen zu folgen. Zum Schluss möchte ich noch ganz herzlich meiner Familie danken, vor allem meiner Schwester Anna für ihre Ermutigung und ihre Unterstützung. Danke, dass ich die Küche mit meinen Töpfen, Gewürzen und Kästen voller Zutaten okkupieren durfte, und für eure Geduld mit mir, als ich mich bis über beide Ohren in dieses Projekt vergraben habe.

Produktmanagement: Doreen Wolff
Übersetzung aus dem Englischen: Vera Bahlk
Textredaktion: Franziska Sorgenfrei
Korrektur: Susanne Langer
Satz: Silke Schüler
Umschlaggestaltung: Caroline Daphne Georgiadis, Daphne Design
Herstellung: Barbara Uhlig

Gesamtherstellung GeraNova Bruckmann

Unser komplettes Programm finden Sie unter
www.christian-verlag.de

★★★★★

Sind Sie mit diesem Titel zufrieden? Dann würden wir uns über Ihre Weiterempfehlung freuen. Erzählen Sie es im Freundeskreis, berichten Sie Ihrem Buchhändler, oder bewerten Sie bei Onlinekauf. Und wenn Sie Kritik, Korrekturen, Aktualisierungen haben, freuen wir uns über Ihre Nachricht an:
Christian Verlag, Postfach 40 02 09, D-80702 München oder per E-Mail an lektorat@verlagshaus.de.

Die Deutsche Nationalbibliothek verzeichnet diese Publikation in der Deutschen Nationalbibliografie; detaillierte bibliografische Daten sind im Internet über http://dnb.d-nb.de abrufbar.

Die Originalausgabe mit dem Titel *Hidden Kitchens of Sri Lanka* wurde erstmals 2013 im Verlag Murdoch Books, Australien in Zusammenarbeit mit Ceylon Tea Services PLC veröffentlicht.

ISBN 978-3-95961-192-3

Hinweis der Autorin: Nachdem ich weder Sinhala oder Tamil spreche, möchte ich mich hiermit für mögliche Fehler entschuldigen, die bei Übersetzungen aus diesen Sprachen für mich entstanden sind. Ebenso entschuldige ich mich für mögliche Fehler im Bezug auf historische Fakten, Bräuche und Traditionen. Ich habe mein Bestes getan, um diese Dinge entsprechend zu prüfen.

හැකිද?

" යුරෝපීය ජාතීන්ගේ මංකොල්ලකාරී ආක්‍රමණික රටාව තුළ සුදු මිනිසා හැරුණු විට අන් සියලු දෙනා තිරිසනුන් සේ සිතමින් කටයුතු කරමින් මෙම ආක්‍රමණික කාල පරිච්ඡේදය දියත් විය. සිංහලය යුරෝපා ජාතීන්ගේ දඩබිමක් බවට පත් වන්නේ මේ ආකාරයෙන් ඔවුන් කටයුතු කරන සමයේය. මෙම තත්ත්වය තුළ පැවැති සිංහල ශිෂ්ටාචාරය නරුම වෙනසකට භාජනය කරන ලද අතර, පැවැති රාජ්‍යයේ සියලුම අංග පරිනාමයකින් තොරව බලහත්කාරයෙන් වෙනස්කම් සඳහා භාජනය කරනු ලැබීය. සැකවින් කිවහොත් රටේ භෞතික පිහිටීම හැරුණු විට අන් සියලු දේ යුරෝපීය ආක්‍රමණිකයාගේ කැමැත්ත අනුව වෙනස්

ගන්නට යන විට එදා යටත් විජිත ඇති කළ පිරිසම මානව හිමිකම් ආදී දෑ සමග පටලවාගෙන එයින් ගැලවෙනවා වෙනුවට නව ප්‍රශ්න රටට ඇති කරමින් තිබේ.

යටත්විජිතකරණයට පෙර සංවෘත කෘෂි ආර්ථික රටාව තුළ ණය බර එකී රටකට දැරිය නොහැකි මට්ටමේ පීඩාවන් ශ්‍රී ලංකාව තුළ නොවීය. ජනතාවගේ ජීවන තත්ත්වය මූල්‍ය වශයෙන් සැකසී තිබුණේ තම වටපිටාව සමගය. යටත්විජිතවාදීන් වැවිලි ආර්ථිකය කරා රට ගෙන යාමත් සමග එදා තිබූ සමමිතික ජීවන තත්ත්වය බිඳවැටී ගිය අතර 1977 දී ඇතිකරන ලද විවෘත ආර්ථික මොඩලයත් සමග ණය බරින් පීඩිත දේශයක් බවට පත්වීම ඇරඹුණි. මේ සඳහා යටත් විජිතකරණය පමණක් නොව එය පිළිගත් පාලක පන්තියටද අන්ධානුකරණයෙන් අනිවාර්ය කර වගකීමක් පැවරේ. නමුත් ලෝකයටම එයින් පිළි තිබෙන ආර්ථික මොඩලයක් හේතුවෙන් ශ්‍රී ලංකාවද පත් වී පැන ගත නොහැකි තැනකට ශ්‍රී ලංකාවද පත් වී තිබේ. යටත් විජිතකරණය, ගෝලීයකරණය ලෙස අර්ථගැන්වී වෙස් මාරුකර ගැනීම සමග එයට හසුවීමේ ප්‍රතිඵලයක් ලෙස යටත්විජිත සමයේ ප්‍රශ්න නව ආකාරයකින් ශ්‍රී ලාංකේය සමාජයේ මතුවී තිබේ.

ඉදිරි පරම්පරා ගණනාවක්ම එතෙරට ණය ගෙවීම සඳහා යොමුවී තිබෙන්නේ මෙම ක්‍රියාවලියේ පිටුබලය ඇතිවය.

යටත්විජිතකරණයෙන් නිදහස් වීම හෙවත් පොඩි කුඩුවකින් ලොකු කුඩුවකට ඒමට ශ්‍රී ලංකාවට 1948 දී හැකියාව ලැබුණත් එම අවස්ථාවෙන් හෝ රට ගෙන තිබෙන ප්‍රයෝජන අල්පය. 1970 වන තෙක්ම ලංකාවේ පරම අධිකරණ බලය තිබුණේ එංගලන්තයේ ප්‍රිවි කවුන්සිලය සතුවය. 1970 ජනරජ ආණ්ඩුක්‍රමය මගින් ඒ සඳහා ප්‍රතිකර්ම කරන ලදී. සමහර අංශයන්හි එවැනි යත්න දැරීම සඳහා අවකාශ තිබුණ ද ඒ සඳහා පාලක පැලැන්තිය යොමුවී නොතිබිණි. එල්. ටී. ටී. ඊ. ත්‍රස්තවාදය මුළුමණින්ම යුදමය වශයෙන් පරාජය කර තිබෙන තත්ත්වයකදී වුවද දෙමළ වර්ගවාදයට ලබාදුන් පළාත් සභා වැනි කප්පම් රට විසින් තවම කරපින්නාගෙන සිටින්නේ, 1948 සිට 1970 තෙක් ප්‍රිවි කවුන්සිලය කරපින්නාගෙන සිටි අන්දමටය. මෙවැනි දේවල් වලින් ජාතියක් ලෙස අපට නිදහස ලැබිණි යැයි තැන් තිබෙතත්, වහල් මානසිකත්වය හිමි පාලක හා වියත් පැලැන්තිය ඒ සඳහා බාධකයක් ලෙස ක්‍රියාකර තිබේ.

රටට එවැනි නිදහසක් අවශ්‍ය වන්නා සේම පරිපූර්ණ නිදහසක් හිමි ජාතියක් නිර්මාණය වන්නේ නිවහල් පුද්ගලයකු තැනීමෙනි. ඒ සඳහා සපුරාලිය යුතු පළමු සුදුසුකම නීතියේ ආධිපත්‍යය සමාජයේ ඉහළින් තිබීමය. වත්මනේ රට තුළ ඒ සඳහා තිබෙන අවකාශය ජන සමාජයේ එදිනෙදා කියුම් කෙරුම් වලින් තේරුම් ගත හැකිය. කැලෑ නීතිය රටේ මූලික නීතිය වී නම් රට නිවහල් වුවත් එයින් ජනතාවට ඵලයක් නැත. නිදහස් රටක සිර ගෙවල්වලට සුගතියක් නැත.